James Stuart Bell
Der Engel kam barfuß
Erstaunliche Begegnungen zwischen Himmel und Erde

JAMES STUART BELL

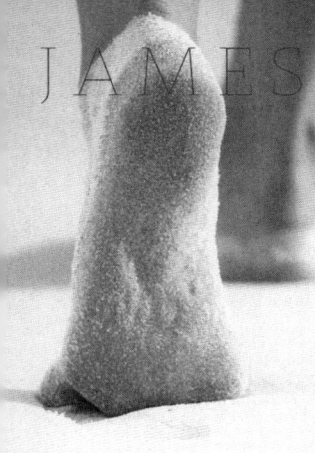

Der Engel kam barfuß

Erstaunliche Begegnungen zwischen Himmel und Erde

Aus dem amerikanischen Englisch von Martina Merckel-Braun

SCM Hänssler

SCM

Stiftung Christliche Medien

© der deutschen Ausgabe 2013
SCM Hänssler im SCM-Verlag GmbH & Co. KG · 71088 Holzgerlingen
Internet: www.scm-haenssler.de · E-Mail: info@scm-haenssler.de

Copyright © 2012 by Whitestone Communications, Inc.
Originally published in English under the title:
Angels, Miracles, and Heavenly Encounters
by Bethany House, a division of Baker Publishing Group, Grand Rapids, Michigan, 49516, U.S.A. All rights reserved.

Die Bibelverse sind, wenn nicht anders angegeben, folgender Ausgabe entnommen: Neues Leben. Die Bibel, © der deutschen Ausgabe 2002 und 2006 SCM R.Brockhaus im SCM-Verlag GmbH & Co. KG, Witten.

Übersetzung: Martina Merckel-Braun
Umschlaggestaltung: Kathrin Retter, Weil im Schönbuch
Titelbild: shutterstock.com
Satz: Satz & Medien Wieser, Stolberg
Druck und Bindung: CPI – Ebner & Spiegel, Ulm
Gedruckt in Deutschland
ISBN 978-3-7751-5476-5
Bestell-Nr. 395.476

Für Joe Murphy,
der seit über vierzig Jahren mein Freund ist
und gemeinsam mit mir
viele geistliche Abenteuer erlebt hat –
insbesondere die Begegnung mit dem »Werwolf«.

Inhalt

Vorwort

Geschichten von Engeln und Dämonen, von Wundern und Nahtoderlebnissen? Viele Menschen sind da skeptisch. Zu Recht. Denn manche Geschichten, die man so hört, klingen eher nach Märchen und Aberglauben. Aber es gibt auch Erlebnisse von glaubwürdigen Personen, deren Berichte nicht selten nachgeprüft werden können. Dazu gehören die Geschichten, die in diesem Buch gesammelt sind. Aus verschiedenen Ländern und Jahrzehnten berichten gewöhnliche Menschen, was sie erlebt haben. Erlebnisse, die sich oft nicht naturwissenschaftlich erklären lassen, aber deswegen nicht gleich als krankhafte Störung oder Täuschung abgetan werden sollten. Gerade, weil es sich hier um ganz »normale« Christen aus verschiedenen evangelischen Gemeinden handelt, die mit beiden Beinen im Leben stehen. Darüber geben die Informationen über die jeweiligen Autoren am Schluss des Buchs Auskunft.

Und oft sind es nicht nur weit entfernte Menschen, die Derartiges zu erzählen haben. Manche Menschen in unserem Bekanntenkreis haben ähnliche Erfahrungen gemacht – aber trauen sich oft nicht, darüber zu reden. So gibt es auch viele Missionare, denen Vergleichbares begegnet ist, die aber kaum in ihren Rundbriefen darüber berichten würden.

Alle, die hier ein außergewöhnliches Erlebnis erzählen, haben Gott und seine Fürsorge in besonderer Weise erfahren, zum Teil wurde dadurch ihr Leben verändert. Wie man diese natürlich subjektiven Berichte im Einzelnen deutet, bleibt jedem Leser selbst überlassen.

Schließlich geht es auch keinem der Autoren darum, aus seiner Erfahrung eine Theologie zu machen oder sie absolut zu setzen. Sie berichten von ihren persönlichen Erfahrungen, um andere Christen zu ermutigen und ihren Glauben zu stärken. Selbst bei

den uns eher ungewohnten Berichten über den Angriff widergött-
licher Mächte wird deutlich, dass wir in Jesus sicher und geborgen sind.

Der Verlag

Einführung

Die Welt des Übernatürlichen, wie sie uns in der Heiligen Schrift offenbart wird, erfahren wir normalerweise im Glauben und nicht durch unsere fünf Sinne. Aber manchmal – wenn auch selten und in großen Abständen – gestattet Gott uns aus Gründen, die nur ihm selbst bekannt sind, einen Blick in diese geheimnisvolle Welt. Vielleicht möchte er uns in solchen Fällen vor einer Gefahr warnen, unseren Glauben stärken oder uns helfen, uns in einer bestimmten Situation richtig zu verhalten.

Es ist eine fremdartige, wundersame Welt, in der eigene Regeln gelten, die nicht den Naturgesetzen unterworfen sind. Und selbst wenn wir einen Blick in jene andere Welt erhaschen, sehen wir, wie der Apostel Paulus sagt, die Dinge unvollkommen, wie in einem trüben Spiegel. Vielleicht fällt es uns schwer, anderen zu beschreiben, was wir bei diesen Begegnungen sehen oder spüren, und die Zuhörer fühlen sich überfordert, wenn wir ihnen die wahre Bedeutung dieser Erlebnisse zu erklären versuchen. Manche dieser Erfahrungen sind vielleicht als besondere Geschenke gedacht, die nur uns selbst erfreuen sollen, während andere den Sinn haben, auch den Glauben unserer Mitmenschen zu stärken.

Die vorliegende Sammlung übernatürlicher Erlebnisse möchte dem letzteren Zweck dienen. Indem sie ihre Erfahrungen mitteilen, wollen die Verfasser zeigen, wie viel Gott an uns liegt und wie nah er uns ist. Er greift aktiv in unser Leben ein; er kämpft für uns und führt uns vor Augen, dass unsere Entscheidungen und unser Verhalten, ja sogar unsere Gedanken und Einstellungen hier auf Erden Konsequenzen für die Ewigkeit haben.

Normalerweise leben wir im Glauben und nicht im Schauen, aber manche Menschen bekommen in gewissen Situationen die Fähigkeit, übernatürliche Dinge zu sehen, zu hören oder sogar zu riechen. Die übernatürliche Welt überlagert unsere irdische, gefallene Welt beständig, aber sie zeigt sich nur bei besonderen Gelegenheiten: während intensiver geistlicher Kämpfe, zum Zeitpunkt des Todes, wenn wir in Lebensgefahr schweben oder uns in größter Not befinden, und wenn Gott seine Herrlichkeit offenbaren möchte. Darum ist es nicht verwunderlich, dass die hier vorliegenden Geschichten von Engeln und Dämonen, Nahtoderlebnissen, übernatürlicher Rettung und wunderbarer Fürsorge berichten.

Wir wissen, dass eines Tages alle Not und alle Kämpfe vorbei sein werden – für uns persönlich, wenn wir nach unserem Tod beim Herrn sind, und schließlich endgültig, wenn er in Herrlichkeit wiederkommt. Dann wird unser Leben auf Erden nur noch eine blasse Erinnerung sein, und Gott wird alle Tränen von unseren Augen abwischen. Aber schon jetzt leben wir in dem Sieg, den er durch seinen Tod am Kreuz und seine Auferstehung errungen hat, und wir wissen, dass er uns für den Dienst in seinem Reich ausgerüstet hat. Unabhängig davon, ob wir selbst ähnliche übernatürliche Erlebnisse haben, wie sie hier geschildert werden, können wir von den Menschen profitieren, die einen Blick in diese Welt erhascht haben.

Manchmal kommt es uns vielleicht vor, als wäre Gott weit entfernt und diese materielle Welt alles, was es gibt. Dann kann uns der Gedanke ermutigen, dass der Gott, der im Leben dieser Verfasser für einen Moment den Vorhang weggezogen hat, um seine Macht zu erweisen, derselbe Gott ist, der auch in unserem Leben ständig wirkt und sich für uns einsetzt – auch wenn er es vielleicht auf nicht ganz so spektakuläre Weise tut.

James Stuart Bell

Ein wunderbares Abschiedsgeschenk

Tamara L. Stagg

»Mmmh, das ist lecker, Opa. Du isst Kartoffelbrei!«, sagte Derek, während er das Kinn seines Großvaters auf und ab bewegte.

Opa hätte vielleicht gelächelt, wenn er mehr Kontrolle über seine Muskeln gehabt hätte. Stattdessen ließ er seinen Kiefer für den nächsten Bissen herunterfallen und hielt die von Gelbsucht verfärbten Augen fest auf meinen elfjährigen Sohn gerichtet.

Derek und Opa waren wie Zwillinge, die sich nur durch Alter und Erfahrung voneinander unterschieden. Während Derek einen weiteren Löffel Kartoffelbrei zum Mund seines Großvaters führte, glichen sich ihre einander zugewandten Profile auf geradezu frappierende Weise – die kecken Ohren, die runden Wangen, die schlanken Hälse und die gebogenen Schultern …

Ich blickte aus dem Fenster auf das Gelände der Mayo-Klinik hinaus. Das Laub der Eichen stand kurz davor, sich zu verfärben. Es hing ebenso schlaff an den Zweigen wie ich auf meinem Stuhl. Selbst die Schöpfung schien zu wissen, dass Derek und Opa sich bald voneinander trennen mussten. Sie würden nicht mehr zusammen mit elektronischen Geräten spielen, gemeinsam die Hände auf das Steuer von Opas Boot legen oder Seite an Seite zum Briefkasten marschieren, mit den Hunden laufen oder die Nachbarn besuchen.

Einige Wochen später, als Dereks Großvater keine Nahrung mehr zu sich nahm, sagte ich zu meinem Sohn: »Derek, weißt du, dass die Ärzte Opa nicht mehr helfen können?«

Er zuckte die Schultern. »Ja, ich weiß.«

Mit Tränen in den Augen fasste ich meinen Sohn an den schmalen Schultern und schob ihn näher an das Bett seines Großvaters heran. »Du solltest dich jetzt von ihm verabschieden, mein Schatz. Vielleicht überlebt er die Nacht nicht.«

Derek starrte auf die herunterbaumelnden Schläuche, die vor Kurzem abgeklemmt worden waren. Dann betrachtete er die von blauen Flecken und Einstichen übersäte Haut seines Großvaters. Starke Dosen steroidhaltiger Medikamente, Antibiotika und anderer Arzneimittel hatten Opas aussichtslosen Kampf gegen die zerebrale Vaskulitis nur verlängert.

Opa betrachtete Derek mit gelb verfärbten, halb geöffneten Augen.

Nach einigen Augenblicken sagte Derek: »Ich kann mich nicht von ihm verabschieden. Das ist Unsinn. Er geht jetzt noch nicht.«

Ich legte Derek die Arme um die Schultern. »Ja, er ist noch da, und ich glaube, er hört jedes Wort«, sagte ich. »Aber er könnte jeden Moment von uns gehen, und es wäre doch bestimmt schlimm für dich, wenn er stirbt, bevor du ihm Auf Wiedersehen gesagt hast?«

Derek schüttelte heftig den Kopf. »Ich werde ihm Auf Wiedersehen sagen, wenn er geht.«

Ich erschauerte. Während Opas Krankheit hatte ich mich bemüht, die Gebete meines Kindes ein bisschen zu lenken. »Wenn es dein Wille ist«, war eine Wendung, die ich oft benutzte, da ich wusste, dass Gottes Pläne manchmal nicht mit dem übereinstimmen, was wir selbst uns von ganzem Herzen wünschen.

Aber Derek leitete seinen Herzenswunsch nicht mit den Worten »Wenn es dein Wille ist« ein. Er sagte immer wieder zu Gott: »Bitte lass mich Opa Auf Wiedersehen sagen, wenn er von uns geht.«

»Dann sag Opa wenigstens, dass du ihn liebst, ehe wir heute Abend aufbrechen«, schlug ich vor.

Dagegen hatte er nichts einzuwenden.

»Ich liebe dich, Opa«, sagte er zärtlich.

Während die Tage vergingen, unterstützten Derek und meine

neunjährige Tochter Haley ihren Opa, indem sie an seinem Bett saßen und ihm Geschichten erzählten. Sein leerer Blick ließ keine Rückschlüsse darauf zu, ob er sie hören konnte. Jedes Mal, wenn Derek ihn verließ, sagte er: »Ich liebe dich«, aber nie: »Auf Wiedersehen.«

Eines Nachmittags ging ich mit meinen Kindern aus dem Krankenzimmer, damit wir eine kurze Pause machen konnten. Als wir uns wieder mit den anderen Verwandten in Opas Zimmer trafen, hatte sich seine Atmung dramatisch verlangsamt. Ich sah auf die Uhr und stellte fest, dass er nur alle zwanzig bis dreißig Sekunden einatmete.

»Er verlässt uns«, sagte ich zu meinem Mann.

Wir scharten uns um Opas Bett. Jedes Mal, wenn wir dachten, dass er seinen letzten Atemzug getan hatte, überraschte er uns mit einem weiteren. Nachdem dies einige Minuten lang so gegangen war, blieben seine Lungen länger als fünfzig Sekunden reglos. Sechzig Sekunden. Siebzig Sekunden. Achtzig.

Opas Lieblings-Krankenschwester, eine Christin, kam herein und wartete mit uns.

Mir kamen die Tränen, und ich spürte einen Kloß im Hals. Das war das Ende. Opa war von uns gegangen.

Wir begannen, unserem Schmerz freien Lauf zu lassen – alle außer Derek, der fröhlich sagte: »Tschüss, Opa!«

Ich blickte zu ihm hinüber und sah, dass er mit einem breiten Lächeln auf dem Gesicht zur Zimmerdecke starrte.

Gerade ist sein Wunsch in Erfüllung gegangen, begriff ich.

Aber warum blickte er nach oben, um sich zu verabschieden, statt in Opas stilles Gesicht zu schauen?

Der Stationsarzt betrat das Zimmer und bestätigte den Tod.

Ich ging zu Derek hinüber, gleichzeitig fasziniert und verwirrt von seiner offensichtlichen Freude.

»Ich habe gesehen, wie Opa gegangen ist!«, rief er.

Die Krankenschwester kam zu uns. »Ich würde das gern hören,

wenn Sie nichts dagegen haben«, sagte sie. »Kinder sehen manchmal mehr als wir.«

»Hast du etwas gesehen?«, fragte ich Derek.

»O ja! Opa war an der Decke.«

Ich zog die Augenbrauen hoch. »An der Decke? Du meinst, er hat geschwebt?«

»Neiiiin!« Derek lachte mich aus. »Da waren Hände, die ihn hochgezogen haben!«

»Hände?« Ich sah die Schwester an.

Sie legte die Hände ineinander. »Was hast du noch gesehen?«, fragte sie.

Derek strahlte immer noch. »Er hatte ein leuchtend weißes Kleid an, und er sah viel jünger aus. Er hatte viel mehr Haare, und seine Haut war richtig glatt, ohne all die Flecken. Und sein Gesicht sah so glücklich aus wie noch nie. Er hat mich angeguckt, gewinkt und gesagt: ›Tschüss, Derek!‹, und ich habe zurückgewinkt und gesagt: ›Tschüss, Opa!‹«

Derek sah lächelnd zu mir auf. »Er sah so glücklich aus, Mama. Du hast ihn nie so glücklich gesehen!«

»Waren es die Hände von Jesus?«, fragte ich in dem Versuch, das Ganze irgendwie einzuordnen.

Er zuckte die Schultern. »Keine Ahnung. Ich konnte nur die Finger sehen. Aber sie haben so geleuchtet wie das Kleid – ganz hell.«

»Wie bist du darauf gekommen, zur Decke zu schauen?«, fragte ich.

»Opa hat vor ein paar Tagen mit seinem Papa geredet«, sagte Derek. »Es war, als könnte er ihn im Himmel sehen. Ich habe hochgeguckt, weil ich ihn auch sehen wollte. Ich habe ihn nicht gesehen, aber jetzt habe ich erlebt, wie Opa mir zuwinkte.«

Die Schwester musste mein Misstrauen gespürt haben, denn sie sagte: »Das ist echt. Manche Kinder erleben das. Sie sehen, wie Jesus ihre Angehörigen abholt.« Sie legte Derek die Hand auf die Schulter und setzte hinzu: »Ich freue mich so für deinen Opa, ich habe richtig Gänsehaut!«

»Gott hat dein Gebet erhört«, sagte ich zu Derek.

Er kicherte. »Ja, Gott hat gemacht, dass ich Opa im richtigen Moment Tschüss sagen konnte, aber ich habe nicht damit gerechnet, dass Opa mir zuwinkt und auch Tschüss sagt!«

»Das war wirklich ein wunderbares Abschiedsgeschenk«, sagte ich. Ich konnte den Blick nicht von meinem Sohn abwenden. Er sprach davon, wie glücklich Opa war, aber ich hatte auch Derek noch nie so glücklich gesehen.

Danke, Gott, dass du ihnen diese letzte gemeinsame Freude geschenkt hast, betete ich. *Und bitte vergib mir, dass ich an der Macht deiner Liebe gezweifelt habe. Du bist vielleicht genauso begeistert wie die beiden – vielleicht sogar noch mehr.*

Dereks gute Stimmung hielt bis zur Trauerfeier an. Er mochte es nicht, Opa in einem Sarg zu sehen. Aber jedes Mal, wenn er traurig wurde, kam im rechten Moment Hilfe, wenn ein Kind aus Opas Sonntagsschulklasse, eine Nachbarin oder ein Verwandter Dereks Geschichte hören wollte.

»Es wird erzählt, dass du gesehen hast, wie dein Opa von euch gegangen ist«, bekam Derek wieder und wieder zu hören. Jedes Mal erhellte sich seine Miene, und durch seine fröhliche Antwort bestätigte er immer wieder aufs Neue, dass Jesus uns eines Tages abholen und in den Himmel bringen wird, dass wir uns auf Gottes Verheißungen verlassen können und dass wir die Christen, die vor uns gegangen sind, wiedersehen werden.

Überraschungsangriff

David Milotta

Als Pastor habe ich die Erfahrung gemacht, dass es nie leicht ist, mit dem Tod umzugehen. Besonders schwierig ist es für Christen, wenn ein Familienmitglied, das Jesus nicht kennt, sich für immer verabschiedet.

Aber als ich den kleinen Raum betrat, hatte ich keine Ahnung, wie schwierig diese Beerdigung werden würde. Ich hatte eine Familie aus unserer Gemeinde während des Abschieds von ihrer lieben Angehörigen begleitet. Die Verstorbene war Buddhistin, und die Feier sollte vom Priester einer buddhistischen Gemeinde in der Nähe von Kona (Hawaii) geleitet werden.

Der buddhistische Tempel war nach dem Vorbild der antiken Tempel im japanischen Kyoto gebaut. Stabile, mit kunstvollen Schnitzereien verzierte Balken trugen ein steiles Ziegeldach mit nach oben gebogenen Ecken.

Ich neigte den Kopf, um einzutreten, und mied sorgfältig die niedrigen Traufen, die es auf meine Stirn abgesehen zu haben schienen. Ich war der einzige Weiße unter den Anwesenden.

Dieses Gebäude ist nicht für große Menschen gemacht, dachte ich, während ich meine schlaksige Gestalt in eine antike Holzbank im hinteren Bereich des Heiligtums zwängte.

Meine Augen gewöhnten sich allmählich an das gedämpfte Licht, während meine Ohren und meine Nase die seltsamen Geräusche und Gerüche verarbeiteten, die den Tempel erfüllten. Der süßliche Weihrauchduft mischte sich mit dem würzigen, betörenden Geruch des Arabischen Jasmins, der das eingerahmte Bild der Verstorbenen schmückte.

Die Gemeinde sang etwas, das wie »Ohn ran dschi go« klang. Die dumpfen Klänge wurden von den hohlen Tönen einer großen

Glocke akzentuiert, die mit einem dicken, schwingenden Bambusklöppel geschlagen wurde.

Ich hatte schon zuvor buddhistische Trauerfeiern besucht, aber diesmal empfand ich eine starke Beunruhigung, die ich nur mit Mühe unterdrücken konnte. Eine unbekannte Macht lenkte meine Aufmerksamkeit auf die goldene Buddhastatue rechts hinter dem Altar.

Normalerweise wird Buddha als fröhlich lächelnder dicker Mann mit herabhängenden Ohrläppchen dargestellt. Dieser dagegen war ernst und hatte acht Arme wie der Hindugott Shiva, der Zerstörer.

Ich hörte, wie der Priester jedes Familienoberhaupt und jeden Besucher aufrief, zum Altar zu kommen und Weihrauch zu opfern. *Achtung, hier lauert eine Gefahr,* warnte mich eine innere Stimme, während ich mich aus der Bank wand und zum Altar ging, um der Verstorbenen die letzte Ehre zu erweisen.

Ich spürte Blicke auf mir ruhen, die fragten: *Was tut dieser Fremde hier?*

Ich beschloss, keinen Weihrauch anzuzünden, da dies ein Götzenopfer gewesen wäre. Stattdessen nahm ich mir vor, am Altar ein stilles Gebet zu sprechen.

Während ich mich dem Altar näherte, hatte ich den Eindruck, dass Gott zu mir sagte: »Ich möchte, dass du für die Seele der Verstorbenen betest und dafür, dass dieses Gebäude und alle, die sich darin befinden, vom Blut von Jesus bedeckt werden.«

Das mit dem Blut von Jesus verstehe ich, aber die Toten sind nicht mehr hier, warum also für sie beten?

Ich stellte meine Bedenken zurück und sprach ein stilles Gebet am Altar.

Plötzlich hatte ich den Eindruck, dass eine schreckliche Gestalt aus dem Inneren der Buddhastatue heraussprang und direkt auf meine Kehle zustürzte.

Ich erstarrte vor Schreck.

Der Dämon – es konnte nichts anderes sein – strahlte Wut und unbändigen Hass aus. Es hatte den Anschein, als wollte er mich töten.

»Hilf mir, Gott!«, betete ich verzweifelt.

Im selben Augenblick hatte ich ein Gefühl, als würde Gott seine Engel schicken, die mich umringten, sodass ich wie von einer unsichtbaren Schutzhülle umgeben war.

Es war, als würde der Dämon auf diesen Schutzschild auftreffen, von ihm abprallen und im nächsten Moment verschwinden. Verwirrt und ungläubig staunend kehrte ich zu meinem Sitzplatz zurück. *Das ist jetzt nicht wirklich passiert,* dachte ich. *Du arbeitest zu viel. Du bildest dir das alles ein.*

Nach der Beerdigungsfeier gingen wir zur Versammlungshalle, um ein traditionelles buddhistisches Mahl einzunehmen. Während des Essens kam ein völlig fremder Mann auf mich zu und stellte sich vor. Er war ein durchschnittlich aussehender Japaner im mittleren Alter und trug einen Geschäftsanzug.

Während er mir seine Visitenkarte reichte, sagte er: »Ich bin ein Schwager der Verstorbenen und habe mich vor Kurzem zum Christentum bekehrt. Ich bin der einzige Christ in meiner Familie und besuche eine Pfingstgemeinde in Honolulu. Wir haben dort einen Befreiungsdienst. Ich möchte Ihnen sagen, dass ich gesehen habe, wie dieser Dämon Sie angegriffen hat, und dass ich die ganze Zeit für Sie gebetet habe. Ich habe die Gabe der Geisterunterscheidung und sehe oft Dämonen, die Menschen bedrängen.«

Ich konnte kaum glauben, was ich da hörte. Mein Gehirn hatte mir also keinen Streich gespielt. Eine andere Person hatte mir die objektive Bestätigung geliefert, dass das, was ich zuvor erlebt hatte, tatsächlich geschehen war. Was ich für eine wilde Halluzination gehalten hatte, war wirklich ein dämonischer Angriff gewesen. Der Dämon hatte sich wahrscheinlich von der Buddhastatue angezogen gefühlt, weil diese das Zentrum von Verehrung, Gebeten und Liedern war. Als ich betete: »Möge das Blut von Jesus dieses

Gebäude und alle, die sich darin befinden, bedecken«, hatte das offenbar so gewirkt, als hätte ich ein übernatürliches Insektenspray auf eine dämonische Kakerlake gesprüht. Der Dämon war geflohen und hatte mich voller Wut attackiert, weil er mich dafür verantwortlich machte, dass er seinen Schutzraum verloren hatte.

Ich kannte viele Geschichten von Missionaren, die in fremden Ländern derartige Erfahrungen gemacht hatten. An jenem Tag erfuhr ich, dass so etwas auch in meinem eigenen Heimatland geschehen kann. Aber ich lernte auch: Wenn ich unerwartet von einem Dämon angegriffen werde, schickt Gott seine Engel, um mich zu beschützen.

Fünf Personen und ein Geheimnis

Pam Zollman

Ich kannte ein Geheimnis. Nur drei Personen – oder vielleicht vier – kannten es: ich, mein Mann Bill, seine Sekretärin Jill und vielleicht Jills Mann.

Und was war das Geheimnis? Bill, der Mann, mit dem ich beinahe dreißig Jahre verheiratet war, wollte sich von mir trennen und Jill heiraten.

Scheidung ist nichts Neues. Es gab sie schon zur Zeit von Jesus. Sie war auch für mich nicht neu. Meine Mutter war mehrmals verheiratet und ließ sich, als ich zwei war, von meinem Vater scheiden.

Aber ich hatte mir nie vorgestellt, dass ich selbst geschieden werden könnte. Bill und ich hielten immer noch Händchen! Nun ja, wir hatten es bis zum 14. Februar 2001 getan. Es hörte auf, nachdem er mir bei einem romantischen Abendessen in unserem Lieblingsrestaurant verkündet hatte, dass er ausziehen würde. »Egal, was du jetzt sagst oder tust – ich werde meine Meinung nicht ändern«, sagte Bill.

Der Valentinstag war Bill immer wichtig gewesen. Es passierte ihm vielleicht manchmal, dass er meinen Geburtstag oder unseren Hochzeitstag vergaß, aber er erinnerte sich immer an den 14. Februar und sorgte dafür, dass es ein besonderer Tag für uns wurde. Er hatte an einem Valentinstag um meine Hand angehalten – er hatte mir Blumen geschenkt, mich zum Essen eingeladen und war nach einem Strandspaziergang dann vor mir auf die Knie gefallen.

Am fünfundzwanzigsten Jahrestag seines Heiratsantrags schenkte er mir ein dann goldenes Herz mit einem Diamanten in der Mitte.

»Trag das immer, es soll dich daran erinnern, dass ich dich liebe«, sagte er.

Am Abend des Valentinstages 2001 war ich vor Schreck wie gelähmt. Ich befühlte das Herzkettchen, das ich immer trug, und fragte mich, seit wann unsere Ehe schon ein schlechter Scherz war. Ich hatte das nicht kommen sehen.

Ich beschloss, niemandem zu erzählen, dass mein Mann eine Affäre hatte, vor allem nicht unseren beiden Söhnen. Stattdessen betete ich dafür, dass Bill seine Meinung änderte. Und wenn er es tat, sollte ihm niemand von meinen Freunden oder Angehörigen seinen Fehltritt vorhalten. Ich liebte ihn und war bereit, ihm zu vergeben. Vermutlich wollte ich die Situation auch nicht richtig wahrhaben. Ich hoffte, wenn ich nicht darüber sprach, würde es vielleicht nicht zu einer Trennung kommen.

Also war das Geheimnis noch ein Geheimnis, als ich einige Tage später zur Post fuhr. Als ich in den Parkplatz einbog, blieben mir noch etwa fünf Minuten, bevor die Angestellten die Türen verschlossen. Eine andere Frau war in die Parklücke neben meiner gefahren. Sie kämpfte mit drei großen Kartons, die offenbar verschickt werden sollten.

»Warten Sie, ich helfe Ihnen«, sagte ich und nahm ihr eine Kiste ab.

»Vielen Dank«, sagte sie mit einem deutlichen spanischen Akzent. Ihr langes schwarzes Haar war nach hinten gestrichen und an den Schläfen mit goldenen Spangen festgesteckt. Sie trug ein teures dunkelgrünes Jackett und eine passende Hose und sah aus, als komme sie gerade von der Arbeit. Die großen goldenen Ohrringe harmonierten wunderbar mit den Haarspangen, und ihr Make-up war perfekt.

Ich dagegen trug Jeans und einen Pulli. Mein dunkles Haar war zu einem langen Zopf geflochten und lag auf meinem Rücken. In Houston, Texas, haben wir milde Winter; darum trugen wir beide keinen Mantel.

Sie nahm eine Kiste unter jeden Arm und folgte mir ins Postamt; ihre Absätze klapperten auf dem Fußboden. Eine Angestellte schloss hinter uns ab.

Als wir das Ende der kurzen Schlange erreichten, fragte sie mich nach den Gebühren. »Ich bin nicht von hier«, sagte sie. Ein leichter Zitronenduft umwehte sie. »Ich weiß nicht, wie man diese Kartons verschickt.«

»Wenn es nicht so wichtig ist, wann sie ankommen, ist das Porto ziemlich niedrig. Aber wenn sie zu einem bestimmten Termin eintreffen sollen, müssen Sie den Erste-Klasse- oder Express-Versand wählen und mehr bezahlen«, sagte ich und ließ mir ihre Kiste vom Arm auf die Hüfte gleiten. So gut ich es selbst wusste, erklärte ich ihr den Preisunterschied zwischen den beiden Versandarten. »Und die Angestellten hier sind sehr freundlich. Sie helfen Ihnen bestimmt.«

Während wir uns in der Schlange vorwärtsbewegten, erzählte sie mir, dass sie aus Guatemala war. »Unser Postwesen ist nicht sehr zuverlässig.«

»Wir beklagen uns auch über unseres«, sagte ich. »Aber im Großen und Ganzen funktioniert es gut.«

Am Schalter wurden zwei Plätze frei, und ich gab ihr die Kiste, die ich für sie trug.

»Danke«, sagte sie. »Es war so freundlich von Ihnen, mir zu helfen.«

Ich lächelte. »Kein Problem.«

Die Frau hinter dem Schalter nahm meinen großen braunen Umschlag, wog ihn und frankierte ihn. Ich bezahlte das Porto und ging zur Tür.

Als die Frau aus Guatemala direkt nach mir vom Schalter zurücktrat, wunderte ich mich. Ich hatte gedacht, dass sie wegen ihrer drei Kisten länger brauchen würde, aber ich hatte mich getäuscht. Vermutlich hatte die Angestellte es eilig, nach Hause zu kommen.

Eine andere Mitarbeiterin schloss die Tür auf und ließ uns hinaus.

»Sie waren so hilfsbereit«, sagte die Frau aus Guatemala, während wir zusammen hinausgingen. »Ich würde jetzt gern etwas für Sie tun.«

»O nein, nicht nötig«, protestierte ich. »Das war doch nicht der Rede wert.«

»Dürfte ich für Sie beten?«, fragte sie.

»Für mich beten?« Das überraschte mich. Als Christin hatte ich kein Problem damit, Gebetsunterstützung von anderen anzunehmen, aber es war mir noch nie passiert, dass eine Fremde mir auf einem Parkplatz anbot, für mich zu beten.

»Gern«, sagte ich.

Sie stellte sich vor mich und nahm meine beiden Hände in ihre. An ihrem rechten Handgelenk baumelte ein Silberarmband. Verschiedene Finger waren mit Ringen geschmückt, und ihre Nägel waren hellrosa lackiert. Ich schloss die Augen, als sie zu beten begann.

»Himmlischer Vater, ich bringe dir Pam …«

Pam. Ich konnte mich nicht daran erinnern, ihr meinen Namen gesagt zu haben – aber vielleicht hatte ich es getan?

»… und ich bitte dich, ihr Kraft und Mut für ihre gegenwärtige Situation zu schenken.«

Meine gegenwärtige Situation? Was?

»Gib ihr und ihren beiden Söhnen die Führung, die sie brauchen.«

Meinen beiden Söhnen? Ich wusste sicher, dass ich meine Familie mit keinem Wort erwähnt hatte.

»Und umgib sie während der Scheidung und der Zeit danach mit deiner Liebe.«

Ich riss die Augen auf und starrte sie an. Ihre Augen waren immer noch geschlossen, und ihr Gesicht war entspannt. Wie konnte sie all diese Dinge über mich wissen?

27

»Schenk ihr die Gewissheit, dass die Zukunft Wunderbares für sie bereithält. Ich bitte dich im Namen von Jesus. Amen.«

Sie öffnete die Augen, lächelte mich an und drückte mir die Hände.

Ich war so überrascht, dass ich nicht wusste, was ich sagen sollte.

Sie hakte ihr Armband auf, an dem kleine Anhänger baumelten, und befestigte es an meinem rechten Handgelenk. »Das möchte ich Ihnen schenken.«

»Nein, nein«, wehrte ich ab. »Ich kann unmöglich …«

Sie hob eine Hand, und ich schwieg. »Ich möchte, dass Sie das tragen. Es wird Sie daran erinnern, dass Gott Sie liebt.«

Ich schaute das Armband an, während meine linke Hand nach meiner Halskette griff. Es waren fast dieselben Worte, die Bill vor fünf Jahren zu mir gesagt hatte.

Sie schaute auf meine Hand an dem Herzkettchen und schüttelte den Kopf. »Das ist kein Versprechen wie jedes andere«, sagte sie. »Das ist Gottes Versprechen an Sie. Er liebt Sie und möchte, dass Sie sich daran erinnern, vor allem während der schweren Zeit, die Ihnen bevorsteht.«

»Woher … woher wissen Sie das alles?«, fragte ich.

»Machen Sie sich darüber keine Gedanken«, lächelte sie. »Nehmen Sie das Geschenk an und seien Sie gewiss, dass Gott Sie liebt.«

»Danke«, sagte ich. Ich hielt den Arm in die Höhe, und die Anhänger am Armband klingelten wie kleine Glöckchen. »Würden Sie mir Ihren Namen und Ihre Telefonnummer geben? Ich … ich möchte vielleicht noch mal mit Ihnen sprechen.«

»Natürlich«, sagte sie und wühlte in ihrer schwarzen Handtasche. Sie kritzelte ihren Namen und ihre Telefonnummer auf einen rosa Papierfetzen und reichte ihn mir.

Ich wollte sichergehen, dass ich ihn nicht verlor, und steckte ihn in das Münzfach meines Portemonnaies.

»Danke«, sagte ich noch einmal.

Sie winkte mir zu, stieg in ihr Auto und fuhr weg. Ich blieb auf dem Parkplatz stehen und starrte das Armband an. Es war silberfarben, jedoch offensichtlich kein teures Schmuckstück. Die Anhänger waren in Dreiergruppen angeordnet. Jede Gruppe bestand aus einem springenden Delfin links, einem Stern und einem springenden Delfin rechts. Keine christliche Symbolik. Und dennoch gab es mir ein besonderes Gefühl, es zu tragen.

Auf der Heimfahrt sann ich über meine seltsame Begegnung nach. Zu Hause öffnete ich das Münzfach meines Portemonnaies, um den rosa Zettel anzusehen. Aber er war nicht da. Ich habe keine Ahnung, was damit passiert ist, aber auf dem Weg vom Postamt zu meinem Zuhause ist er einfach verschwunden.

War die Frau aus Guatemala ein Engel in Menschengestalt? Ich habe keine Ahnung, aber ich stelle mir gern vor, dass sie einer war. Aber selbst wenn sie kein Engel war, hat Gott sie offensichtlich gebraucht. Sie war keine gewöhnliche Frau. Sie kannte mein Geheimnis.

Und Gott kannte es auch.

Dieser Gedanke tröstete mich während meiner Scheidung und in den Jahren danach. Alles, was ich tun musste, war, das Armband anzusehen, um zu wissen, dass Gott mich liebt. Es ist ihm nicht gleichgültig, was mit mir geschieht, und er ist bei mir. Immer und überall.

Ein übernatürlicher Schubs

Emily Secomb (nacherzählt von Cheryl Secomb)

In meinem letzten Highschool-Jahr sprach ich für eine Rolle in dem Theaterstück vor, das im Herbst an unserer Schule aufgeführt werden sollte. Es handelte sich um Neil Simons Komödie *Fools*. Die Lehrerin, die das Stück besetzen und inszenieren würde, hatte uns probeweise Textstellen aus den verschiedenen Rollen im Drehbuch lesen lassen.

Ich begeisterte mich für Sophia, eine der Hauptrollen, und hoffte, dass die Lehrerin mich für diese Rolle auswählen würde. Ungeduldig erwartete ich den Tag, an dem die Besetzungsliste ausgehängt wurde.

Als es so weit war, näherte ich mich mit angehaltenem Atem dem Schwarzen Brett. Ich überflog die Liste, bis ich meinen Namen fand. Daneben stand der Name der Figur: *Sophia.*

Ich hatte die Rolle bekommen!

»Danke, Herr!«, flüsterte ich.

Keiner von uns Auserkorenen hatte vor dem Vorsprechen jemals von diesem Stück gehört, aber wir merkten bald, dass das Drehbuch zum Brüllen komisch war und dass es viel Spaß machte, das Stück aufzuführen. Es spielt um 1890 in einem Dorf namens Kulyenchikov. Die Menschen dort stehen unter einem Fluch: Sie sind mit Dummheit geschlagen. Sophia, meine Figur, ist besonders einfältig.

Als Leon, ein neuer Lehrer, in die Stadt kommt, verliebt er sich in Sophia und glaubt, dass er den Fluch der Dummheit brechen kann, indem er sie unterrichtet. Die Sache hat jedoch einen Haken: Falls es ihm nicht gelingt, ihr innerhalb von vierundzwanzig Stunden irgendetwas beizubringen, wird er gleichfalls dem Fluch anheimfallen und ebenso dumm werden wie der Rest der Bürger.

Das Stück gefiel dem Publikum so gut, dass viele Eltern und Schüler wiederkamen, um es sich ein zweites oder drittes Mal anzusehen.

Ich hatte einen riesigen Spaß bei der Sache – mit einer Ausnahme: In einer Szene stand Leon unter dem Balkon, auf dem ich stand. Ich forderte ihn auf, das Spalier hinaufzuklettern, um zu mir zu kommen, aber während er das tat, rannte ich hinunter zu dem Platz, an dem er gestanden hatte.

Von oben rief mir der frustrierte Leon zu, dass ich unten warten sollte, bis er herunterkam. Aber da er wusste, dass ich wieder nach oben rennen würde, blieb er auf dem Balkon stehen, während ich hinaufhastete.

Das Publikum brüllte jedes Mal vor Lachen. Es war eine unserer Lieblingsszenen, aber sie war nicht ganz leicht zu bewältigen: Ich rannte während der Szene hinter den Kulissen vom Balkon nach unten, um auf der Bühne aufzutauchen, sagte meine Sätze und eilte dann hinter den Kulissen wieder nach oben. Während dieses Sprints musste ich einen schmalen Graben überspringen, der zwischen dem Balkongerüst und dem Bühnenboden klaffte. Ich hatte immer etwas Angst zu stolpern, vor allem, weil ich schnell sein musste, damit ich bei meinem Stichwort auf dem Balkon stand.

Das Bühnenbild war stabil gebaut, aber dass ich den Boden darunter sehen konnte, steigerte meine ohnehin vorhandene Höhenangst beträchtlich. Der Graben machte niemandem außer mir etwas aus, und es war mir zu peinlich zuzugeben, dass ich Probleme damit hatte.

Ich überstand die Proben und die Premiere ohne Panne, aber am zweiten Aufführungsabend kam es um ein Haar zur Katastrophe.

Zu meiner Garderobe gehörten Knöchelstiefel mit hohen Absätzen. Es war nicht einfach, mit ihnen zu gehen – von rennen ganz zu schweigen.

31

An jenem Abend sprach ich meine Zeilen auf dem Balkon, sauste auf die Bühne, sprach meine Zeilen dort und rannte zurück zum Balkon, um dort meine nächste Szene zu spielen. Als ich diesmal über den Graben sprang, traf mein Fuß auf dem Rand der schmalen Plattform auf.

Plötzlich verlor ich das Gleichgewicht und taumelte zurück!

Ich nahm undeutlich wahr, dass sich Metallgegenstände unter mir befanden – irgendwelche Stabilisatoren oder Stützpfeiler. Was auch immer es war, ich stand im Begriff zu fallen und mit dem Kopf direkt darauf zuzustürzen.

Hilfe, ich sterbe!

Meine Arme fuhren wie Windmühlenflügel durch die Luft, während ich darum kämpfte, das Gleichgewicht wiederzuerlangen. Ohne Erfolg – ich war so stark in Rückenlage, dass ich mich nicht mehr aufrichten konnte.

Plötzlich spürte ich eine Kraft, die gegen meinen Rücken drückte und mich etwa einen Meter nach vorn schob. Ich landete sanft und stand direkt vor dem Vorhang, durch den ich nach meinem Stichwort auf den Balkon hinaustreten musste.

Mein Herz klopfte wild und pumpte Adrenalinstöße durch meinen Körper.

Ich drehte mich um, um zu sehen, wer mich vorwärtsgeschubst hatte, aber es war niemand da.

Irgendwie schaffte ich es, die Balkonszene hinter mich zu bringen, obwohl ich am ganzen Leib zitterte. Ich rannte hinter die Bühne und sah einen Freund in der Halle stehen. »Michael, hast du das gesehen?«

»Was?«

»Ich wäre beinahe heruntergefallen, aber irgendetwas hat mich gehalten und wieder hochgeschoben!« Ich erklärte ihm, was passiert war.

»Wirklich?« Er musterte mich einen Moment und lächelte dann. »Das ist ja toll!«

Nach der Aufführung erzählte ich den anderen Schauspielern, was ich erlebt hatte. Sie versicherten mir, dass niemand von ihnen mir geholfen hatte. Sie waren sogar ziemlich konsterniert und wussten nicht recht, was sie von meiner Geschichte halten sollten.

Die weiteren Aufführungen verliefen ohne Zwischenfall. Nach jenem Abend stand eine Lehrerin an dem Graben und half mir hinüber, damit ich nicht wieder stolperte. Das Stück wurde ein voller Erfolg.

Ich habe seit jenem Abend oft über dieses Erlebnis nachgedacht. Mir ist klar, dass es kein Mensch gewesen sein kann, der mich gerettet hat, denn ein Mensch hätte mich aufgefangen – nicht nach vorn geschoben – und ich hätte ihn gesehen.

Ich glaube, dass Gott mich an jenem Abend beschützt hat. War es seine Kraft selbst, die ich gespürt habe, oder hat er einen unsichtbaren Engel dorthin gestellt, um mich zu beschützen? Ich weiß es nicht, aber das Ganze erinnert mich an die Geschichte aus 2. Könige 6, als Gott die Augen von Elisas Diener öffnete, damit dieser sehen konnte, dass sie von einer Schar feuriger Pferde und Wagen umgeben waren. Wenn Gott heute unsere Augen öffnen würde, würden wir dann auch ein himmlisches Heer sehen, das uns umgibt?

Ich bin immer noch gerührt und bewegt, dass jemand wie ich etwas so Wunderbares erlebt hat. Und die Gewissheit, dass Gott mich immer beschützen wird, so wie er mich an jenem Abend beschützt hat, macht mich sehr froh.

Der stumme Schrei

Sally Burbank

Donnernder Applaus erfüllte den schwach erleuchteten Theatersaal, während wir Darsteller uns nach der Aufführung des Musicals *Godspell* triumphierend verbeugten. Als der begeisterte Beifall nachließ, sprangen wir von der Bühne und eilten zum Umkleideraum.

»Das war das beste Publikum, das wir je hatten«, rief ich Claire zu, einer anderen Schauspielerin.

»Dein Solo *Alle gute Gabe* hat sie umgehauen. Ich habe selbst richtig Gänsehaut bekommen.«

»Danke«, sagte ich, während ich mir Reinigungscreme ins Gesicht schmierte, um die dicke Make-up-Schicht zu entfernen.

Als mein Gesicht sauber war, hielt ich Ausschau nach dem Mädchen, das mich normalerweise immer im Auto mitnahm. »Hat irgendjemand Deb gesehen?«

»Deb? Sie ist mit Robert weggegangen, die beiden wollten nach der Aufführung noch eine Kleinigkeit essen gehen«, antwortete ein Mitglied des Teams.

Meine Schultern sanken herab. Wie sollte ich jetzt nach Hause kommen? Ich wohnte fünf Kilometer vom Theater entfernt, und um diese Uhrzeit fuhren keine Busse mehr. Ich war gerade erst mit dem College fertig geworden und konnte mir kein Taxi leisten. Zu allem Überfluss lag das Theater in einem zwielichtigen Stadtviertel, in dem eine verräucherte Kneipe neben der anderen lag und haufenweise unheimliche Gestalten herumliefen. Keiner von den anderen Schauspielern wohnte in meiner Gegend, darum wollte ich niemanden bitten, mich heimzufahren.

Ich schlüpfte in meine Jeans und mein T-Shirt und grübelte über mein Dilemma nach. Vielleicht würde ein flotter Spaziergang nach Hause dazu beitragen, dass ich nach der aufregenden Aufführung wieder einen klaren Kopf bekam und die Angst vor dem morgigen Klassentreffen verlor. Die Aussicht, meine Schulkameraden nach fünf Jahren zum ersten Mal wiederzusehen, erfüllte mich mit ziemlicher Nervosität.

In der Highschool war ich eine pummelige Musterschülerin gewesen, die ihre Erfüllung in A-cappella-Madrigalen, dem Diskutierklub und Jane Austens Romanen gefunden hatte. Berücksichtigte man außerdem meine Mitgliedschaft im Kirchenchor und mein jämmerliches Abschneiden bei jedem Geländelauf, war ich die ideale Anwärterin für den Titel »Größte Langweilerin der Schule«.

Nun betrachtete ich das bevorstehende Treffen als meine Chance, um den anderen vor Augen zu führen, was ich seit dem Schulabschluss erreicht hatte. Ich malte mir aus, wie ich Robby Sorenson zur Rede stellen würde, der mich mit den Spottnamen »Speckschlauch« und »Fetty« gequält hatte. Ich konnte es kaum erwarten, ihm meine schlanke Figur und meinen Verlobten mit seinem Lockenkopf vorzuführen. Ganz am Rande würde ich erwähnen, dass ich beim Theaterspielen stehende Ovationen erhielt, das College mit *summa cum laude* abgeschlossen hatte und im Herbst beginnen würde, Medizin zu studieren.

»Und wie ist es dir so ergangen, Robby?«, würde ich fragen, wohl wissend, dass er seit der Highschool nur einen miesen Job als Tankwart ergattert hatte. Zudem erzählte man, dass seine Freundin ihn vor Kurzem sitzen gelassen hatte, darum würde ich ihn auf jeden Fall nach ihr fragen. Das alles würde ihm recht geschehen.

So trottete ich nach Hause und erging mich in meinen Fantasievorstellungen, ohne den Fremden zu bemerken, der hinter mir herschlich. Aber nach einiger Zeit spürte ich seinen schweren Atem in meinem Nacken.

Was hat er vor?

Mein Herz begann zu rasen. Autos huschten vorbei, und aus den Burschenschaftshäusern an der Straße drang heftiger Lärm.

Bestimmt wagt er es nicht, mich auf der belebtesten Geschäfts-straße von Burlington anzugreifen.

Trotzdem machte der Kerl mich nervös. Daher trat ich zur Seite und winkte ihn vorbei.

»Ich halte Sie offensichtlich auf, also überholen Sie doch bitte«, sagte ich mit zitternder Stimme.

Er brummte irgendetwas und stapfte vorbei. Ich trödelte herum, bis er ein ganzes Stück vor mir war, und wechselte dann die Straßenseite, um eine noch größere Distanz zwischen uns zu legen. Ich seufzte erleichtert auf und schalt mich selbst wegen meines Verfolgungswahns. Er war wahrscheinlich einfach ein Collegestudent, der so mit seinen eigenen Problemen beschäftigt war, dass ihm überhaupt nicht auffiel, in welche Panik er mich versetzt hatte.

Ich bog in die Seitenstraße ein, in der ich wohnte. Nach einem Fußmarsch von fünf Kilometern taten mir die Füße weh, und ich war hundemüde und konnte es kaum erwarten, mich ins Bett fallen zu lassen. Noch sechs Häuser, dann war ich zu Hause.

Plötzlich wurde mir mit eisernem Griff der Mund zugehalten. Wie Tentakel eines riesigen Tintenfisches griffen lange Arme von hinten nach mir und zogen mich vom Bürgersteig. Ich erkannte sofort, dass mein Angreifer der Kerl war, der vorher hinter mir gewesen war. Offenbar hatte er einen Haken geschlagen und war mir in diese Sackgasse gefolgt.

Ich trat und schlug um mich, biss und kratzte in dem nutzlosen Versuch, ihm zu entkommen, aber ich war diesem Verrückten nicht gewachsen. Er zog mich hinter eine Steinmauer und stieß mich zu Boden.

Plötzlich erinnerte ich mich daran, dass erst vor einem Monat ein Mädchen in meinem Alter in einer ähnlichen ruhigen Straße hinter einer Steinmauer vergewaltigt, gewürgt und ermordet worden war. Die Lokalzeitung hatte ein Bild des Mannes abgedruckt, mit dem sie zuletzt gesehen worden war, und er sah meinem Angreifer erschreckend ähnlich.

Ich werde jetzt vergewaltigt und ermordet, genau wie dieses Mädchen!

Ich riss den Kopf zur Seite und stieß einen markerschütternden Schrei aus. Als ich den Mund öffnete, um einen weiteren Brüller loszulassen, drückte er mir den Kiefer zu.

»Halt die Klappe! Halt die Klappe, oder ich bring dich um.«

Er zerrte mir mein T-Shirt vom Leib und stopfte es mir als Knebel in den Mund. Dann riss er mir die Arme auseinander und drückte sie zu Boden. Er riss an meiner Jeans, während er auf meinen Oberschenkeln kniete und sie auf den Boden presste.

Mein Herz begann zu rasen.

Das darf einfach nicht wahr sein! Ich will nicht sterben! Jemand muss mich retten!

Aber niemand kam. In einem letzten verzweifelten Versuch zu entkommen, richtete ich mich auf, aber er warf mich wieder zu Boden und packte meine Arme noch fester. Er starrte mir in die Augen und geiferte: »Du gehst nirgendwohin. Ich habe gerade erst angefangen.«

Mein Herz klopfte zum Zerspringen.

Was sollte ich tun? Ich konnte diesen Psychopathen nicht überwältigen. Und mit dem Knebel im Mund konnte ich auch nicht schreien.

Aber du kannst beten, flüsterte eine Stimme in meinem Kopf.

Hilfe! Jemand will mich vergewaltigen!, betete ich still zu Gott, der jetzt meine einzige Hoffnung war. Immer und immer wieder flehte ich ihn stumm mit denselben Worten an. Ich war machtlos, aber er war es nicht.

Mein Angreifer öffnete seine Hose. Plötzlich hörte ich Schritte auf dem Gehsteig.

»Lass sie in Ruhe! Lass sie in Ruhe!«, rief eine Männerstimme.

Während die Schritte eilig näher kamen, floh mein Angreifer in die Büsche.

Ein Mann in Pyjamahose und Hausschuhen spähte über den Zaun.

»Alles in Ordnung mit Ihnen?«, keuchte er und half mir auf.

Ich brach in Tränen aus. »Vielen, vielen Dank, dass Sie gekommen sind. Sie haben mir das Leben gerettet.«

Ich klammerte mich an seinen Arm. Ich war im ganzen Leben nie so glücklich gewesen, einem völlig fremden Menschen zu begegnen.

Er brachte mich zu seinem Haus, wo mir seine Frau ein anderes T-Shirt und einen Becher Kamillentee gab, um meine aufgeriebenen Nerven zu beruhigen.

Während wir darauf warteten, dass die Polizei kam, sprachen wir die Einzelheiten des Überfalls durch. Doch dann sagte mein Retter etwas Überraschendes.

»Als ich Sie rufen hörte: ›Hilfe! Jemand will mich vergewaltigen!‹, wusste ich, dass ich kommen musste.«

Mein Herz machte einen Sprung. »Aber Sie konnten mich nicht rufen hören. Ich war geknebelt.«

Er kratzte sich am Kopf. »Also, das verstehe ich nicht, aber ich habe ganz deutlich eine Stimme gehört, die gesagt hat: ›*Hilfe! Jemand will mich vergewaltigen!*‹«

Seine Frau schaltete sich ein. »Das Seltsame ist, ich habe es nicht gehört, und ich lag direkt neben ihm im Bett. Aber er beharrte darauf, dass er es gehört hatte, und stürzte zur Tür.«

Mir blieb das Herz stehen. »Das waren genau die Worte, die ich in Gedanken gebetet habe.«

Wir starrten einander schockiert an. Wie war das möglich? Hatte er meine Gedanken gelesen?

Es war unerklärlich, aber offensichtlich hatte Gott mein verzweifeltes Gebet in das Gehirn dieses Mannes übertragen, sodass er glaubte, er hätte diese Worte gehört.

Ich verbrachte die nächsten Stunden damit, den Vorfall für die Polizei zu protokollieren. Ich schaffte es nicht zu dem Klassentreffen; ich war zu beschäftigt mit der lokalen »Polizeieinheit zur Verbrechensbekämpfung«, um die Feier zu besuchen. Aber irgendwie war es mir nicht mehr wichtig. Mein Leben wäre beinahe ausgelöscht worden, aber Gott hatte es mir auf wunderbare Weise wiedergeschenkt.

Als ich das nächste Mal mein Solo *Alle gute Gabe kommt her von Gott dem Herrn* schmetterte, staunte ich darüber, wie sehr diese Zeilen auf mich selbst zutrafen.

Er schickt uns wirklich gute Gaben!

Die Dinge anders sehen ...

Tina Samples

Kenneth war gerade zum Militär eingezogen worden, um im Zweiten Weltkrieg zu kämpfen. Meine Mutter Faye stand an der Tür und winkte ihrem achtzehnjährigen Bruder zum Abschied nach.

Nach seiner Ausbildung wurde er nach Deutschland geschickt. Drei Monate später erhielten meine Mutter und meine Großeltern die Nachricht, dass auf meinen Onkel Kenneth geschossen worden war. Ein deutscher Heckenschütze hatte seine linke Schläfe getroffen und dabei seinen Sehnerv zertrennt. Die Kugel trat durch sein rechtes Auge aus, das dadurch ebenfalls unwiederbringlich zerstört wurde.

Das Militär trug die Kosten dafür, dass meine Großmutter zu meinem Onkel fahren und während seiner langen, anstrengenden Genesungszeit bei ihm bleiben konnte. Er verbrachte ein schwieriges, schmerzhaftes Jahr in einem Krankenhaus in Virginia, wo er sich langsam von seinen Verletzungen erholte. Danach brauchte er ein weiteres Jahr, um zu lernen, ohne Augenlicht zu leben. Wie kommt ein so junger Mann mit der Perspektive zurecht, für den Rest seines Lebens blind zu sein?

Zwei Jahre vergingen, bis meine damals vierzehnjährige Mutter ihren Bruder wiedersah.

»Kenneth!«, rief sie, als sie ihn sah.

»Komm her, Faye, ich will dich anschauen«, sagte er.

»Aber du kannst doch nicht sehen«, gab sie zu bedenken.

»O doch – ich sehe nur anders«, erklärte er.

Meine Mutter stand vor ihm, während mein Onkel die Hände auf ihre Schultern legte.

»Meine Güte, bist du gewachsen!«

Sie lächelte. Er nahm eine Hand, tastete nach ihrem Kopf und strich über ihre weichen, kastanienbraunen Locken.

»Du bist richtig groß geworden!«

Dann fuhr er mit beiden Händen über ihre Wangen und umschloss ihr Gesicht mit seinen Handflächen. Mit seinen Fingerspitzen berührte er sanft ihre Lippen, ihre Nase und ihre Augen.

»Du bist wunderschön!«

Meiner Mutter ging die Szene so nah, dass sie es nicht länger ertrug. Sie schlang die Arme um ihren Bruder. »Ich bin so froh, dass du wieder da bist!«

Am nächsten Sonntag ging Onkel Kenneth mit der Familie zum Gottesdienst. Obwohl sein Leben sich verändert hatte, war doch eine Sache gleich geblieben – der Gottesdienstbesuch. Die Gemeindemitglieder freuten sich alle, Onkel Kenneth wiederzusehen, und dankten Gott dafür, dass er lebendig zurückgekehrt war.

Gegen Ende des Gottesdienstes scharten sich die Leute um meinen Onkel und legten ihm die Hände auf. Sie wandten sich an den Herrn und baten ihn, Kenneth sein Augenlicht zurückzugeben. Sie beteten inbrünstig und flehten Gott an, sein Sehvermögen wiederherzustellen.

Die Fürbitte war eindringlich und ernst. Und als alles vorbei war, hob Onkel Kenneth den Kopf, öffnete die Augen – und konnte wieder sehen!

Die Leute schnappten nach Luft, schrien auf und dankten Gott für Onkel Kenneths Augenlicht. Auf der ganzen Straße konnte man ihre Jubelrufe hören.

Onkel Kenneth wandte sich zu meiner Großmutter und rief: »Wie schön du bist!«

Dann schaute er meinen Großvater an und sagte: »Ich wusste nicht, dass du eine Glatze bekommen hast.«

Mein Großvater hatte sein Haar infolge eines Herzanfalls verloren, den er im vergangenen Jahr erlitten hatte.

Kenneth wandte sich zu seinen Freunden und nannte sie einen nach dem anderen beim Namen. Er konnte wirklich wieder sehen!

An jenem Nachmittag versammelte sich die ganze Familie zu einem texanischen Festessen. Der Tisch war beladen mit gebratenem Hühnchen, selbst gemachten Makkaroni mit Käse und frisch gebackenem Brot. Der Duft von Apfelkuchen mit Nüssen erfüllte die Luft. Bunter Obstsalat, Kartoffelsalat und Gemüse standen auf der Anrichte. Beim bloßen Anblick all dieser Köstlichkeiten lief einem das Wasser im Mund zusammen.

Onkel Kenneth genoss jedes Aroma und kostete jedes einzelne Lebensmittel. Er hatte das selbst gekochte Essen und die sonntäglichen Familiennachmittage vermisst.

Die fünfzehn Brüder und Schwestern meiner Mutter waren mit ihren Familien da. Onkel Kenneth schaute einen nach dem anderen an und prägte sich jeden ihrer Gesichtszüge ein. Er ging durch das große Haus und strich mit den Händen glücklich über die Wandschränke, bei deren Bau er mitgeholfen hatte. Er berührte alles, wie er es getan hätte, wenn er blind gewesen wäre – aber diesmal nahm er es mit seinen Augen in sich auf.

Er kitzelte seine Nichten und Neffen und balgte sich mit ihnen. Er lachte und machte Witze. Er nahm seine Gitarre und spielte mit seinen Geschwistern wie in alten Zeiten. Alle möglichen Lieder hallten durch das Haus. Bis zum Abend feierten wir miteinander, dass er seine Sehkraft wiedererlangt hatte.

Nachdem alle Gäste sich verabschiedet hatten, machte mein Onkel in der Abendkühle einen Spaziergang ums Haus – und zum Schluss kam er zum Rosengarten. Er drängte die Tränen zurück, die ihm in die Augen stiegen, und berührte die zarten Blätter. Bevor er in den Krieg gezogen war, hatte er seiner Mutter geholfen, den Rosengarten anzulegen. Jetzt standen die Blumen in voller Blüte. Rote, gelbe, weiße und tief violette Rosen schmückten den Garten. Was für ein herrlicher Anblick!

Onkel Kenneth atmete tief ein und sog den süßen Duft ein. Er erfüllte seinen Körper und brachte seine Seele zum Leuchten. Dankbarkeit und Lob strömten über seine Lippen und erhoben sich zum Himmel. Er war im Himmel. Dies war der Himmel.

Als an jenem Abend die Sonne unterging, erlosch auch das Licht in Onkel Kenneths Augen. Er verlor sein Sehvermögen wieder.

Nur für kurze Zeit ließ der Herr meinen Onkel seine Freunde und Angehörigen sehen. Nur für wenige Augenblicke ließ er zu, dass mein Onkel den wunderbaren Rosengarten sah. Nur für kurze Zeit schenkte der Herr einem Blinden das Augenlicht.

Niemand konnte eine Erklärung dafür finden. Rein körperlich betrachtet war es unmöglich gewesen, dass er sah. Ohne das rechte Auge und aufgrund des durchtrennten linken Sehnervs war es schlicht nicht möglich, zu sehen. Der Herr heilte ihn nicht vollständig. Aber für kurze Zeit gab er meinem blinden Onkel seine Sehkraft zurück.

Es war ein Geschenk – ein Triumph des Lebens – und eine Erinnerung daran, dass Gott immer noch gnädig ist, auch wenn wir Zerstörung erleben. Onkel Kenneth war die Gnade zuteilgeworden, seine Familie ein letztes Mal zu sehen und sich ihr Aussehen unauslöschlich ins Gedächtnis einzuprägen.

Mein Onkel war für den Rest seines Lebens blind. Schließlich heiratete er eine junge Frau, die ebenfalls blind war. Gemeinsam lernten sie, alles in einem anderen Licht zu sehen – sogar Gott. Und ihn, den Herrn der Herrlichkeit, sahen sie klarer und heller als je zuvor.

War das ein Werwolf?

James Stuart Bell

Im Spätsommer 1973 fuhren wir auf unserem Heimweg nach New Jersey über einen Highway in Pennsylvania, und meine Gedanken waren von Sorge erfüllt. Ich war Collegestudent und hatte vor wenigen Monaten zum Glauben an Jesus Christus gefunden. Nun fragte ich mich, wie viel von dem Frieden und der Begeisterung, die ich anfänglich empfunden hatte, wohl noch übrig war. Ich erlebte keine schwere Prüfung und freute mich immer noch über meine Errettung, aber ich verspürte eine dunkle Vorahnung, eine Schwere, die keine echte Depression war, sondern eher an eine dumpfe Bedrückung erinnerte. Ich war tief in Drogen und Okkultismus verstrickt gewesen und hatte das Gefühl, dass diese Bindungen noch nicht völlig gelöst waren.

Mein Freund Joe, der ebenso wie ich nach einem Umweg über den Okkultismus zu Jesus gefunden hatte, erklärte mir, dass der Teufel zwar keine Macht mehr über mich habe, dass er jedoch ganz und gar nicht glücklich darüber sei, dass ich seinem Herrschaftsbereich entkommen war und seinem Reich fortan Schaden zufügen konnte. Mit anderen Worten: Ich war eine potenzielle Zielscheibe dämonischer Angriffe geworden, und das in viel stärkerem Ausmaß als früher, als ich noch Satans bereitwilliger Diener gewesen war.

Wir hatten unsere Reise in der Hoffnung auf körperliche Heilung begonnen. Unsere Anbetungsleiterin besaß die Gabe der Heilung, und ich wusste durch meine frühere Verstrickung in okkulte Dinge, dass Wunder und übernatürliche Ereignisse möglich waren. Ich hatte wegen eines Tumors ein künstliches Hüftgelenk bekommen und sehnte mich danach, meinen Stock fortzuwerfen und mit dem Wind im Rücken durch die Felder zu rennen.

Sie schlug uns vor, eine Kapelle in Kanada aufzusuchen, wo es eine Wand voller Stöcke und Krücken von Menschen gab, die von ihren Krankheiten geheilt worden waren. Und auch wenn ich von Gott keine nagelneue Hüfte bekam, hatten wir auf dem Rückweg dennoch eine gesegnete Zeit. Wir machten im *Laurentides Park* in der Nähe des Sankt-Lorenz-Stroms in Quebec Station. Wir schliefen auf freiem Feld und starrten in den sternenübersäten Himmel, der uns unvermittelt ein Schauspiel nördlichen Polarlichtes bot – blau und grün leuchtend zog es in großer Geschwindigkeit über uns hinweg. Während der Fahrt hatten wir auch beschlossen, ein paar Schallplatten von Gruppen wie Led Zeppelin und Black Sabbath zu verbrennen, die – zumindest, was uns betraf – ziemlichen Schaden angerichtet hatten. Auf unserer Reise sahen wir mit unseren langen Haaren und unseren zerschlissenen Jeans wahrscheinlich aus wie ein Gespann Obdachloser.

Aber all unsere positiven Erlebnisse konnten mir den Frieden und die Freude, nach denen ich mich sehnte, nicht geben. Joe versicherte mir, dass wir auf dem Heimweg bei seiner Universität in Pennsylvania Station machen würden und dass sein Gebetskreis mit mir um Befreiung von meiner Bedrückung beten würde.

Es war spät geworden, und wir waren beide müde. Also schlug er vor, dass wir unsere Schlafsäcke herausholten und das Auto in einem umzäunten Bereich neben der Straße parkten, der von Bäumen umstanden war.

Der Mond schien durch die Bäume und spendete uns gedämpftes Licht, und während wir unsere Schlafsäcke ausbreiteten, verspürte ich ein natürliches Bedürfnis. Aber ich nahm auch andere, bösartige Kräfte wahr, und der Gedanke, im Mondschein zu dem dreißig Meter entfernten Toilettengebäude zu laufen, war mir nicht sehr angenehm.

Als ich es erreichte, öffnete ich langsam die Tür, um sicherzugehen, dass sich dort keine gefährlichen Tiere oder Menschen aufhielten. Dann ließ ich mich auf dem Toilettensitz nieder. Ich bemerkte, dass sich oben in der rechten Wand ein kleines Fenster befand. Da vernahm ich in den Büschen draußen ein seltsames Rascheln. Was auch immer es war – möglicherweise war es hinter mir her. Ich wollte mich nicht verraten, indem ich die Tür öffnete, und beschloss daher, durch das kleine Fenster zu spähen, um herauszufinden, was sich hinter diesen Geräuschen verbarg.

Was mich jedoch unmittelbar darauf anstarrte, war so erschreckend, dass ich mit einer Hand meine Hose und mit der anderen meinen Stock schnappte. Joe stand am Auto und war gerade dabei, unseren abschüssigen Lagerplatz vorzubereiten, als er von einem Schreckensschrei und dem Klappern einer Tür aufgeschreckt wurde. Im Licht des Mondes sah er eine aufgeregte Gestalt mit wild flatterndem langem Haar, die in Windeseile mit einem Stock in der Hand auf ihn zu humpelte.

»Ich habe einen Werwolf gesehen!«, schrie ich.

Jetzt war er sicher, dass ich vollmächtige Fürbitte zur Befreiung von dämonischen Mächten brauchte. Aber auf meinem Weg zu ihm hielt ich plötzlich inne, legte den Kopf schräg, berührte mein Kinn mit der Hand und fuhr mir über den Bart.

»Moment mal – das war ja ich!«

Ich lachte so heftig, dass ich nach Luft schnappen musste. Joe hatte allmählich den Eindruck, dass ich nicht mehr ganz bei Trost war und dass er mich so schnell wie möglich zu seinem Studenten-Gebetskreis bringen musste. Aber ich war vollkommen bei Verstand.

Mir war gerade klar geworden, dass die Gesichtszüge und die Haartracht des Wesens, das mir entgegengestarrt hatte, meine eigenen gewesen waren. Joe hatte mich angesichts meiner dunklen Augen und finsteren Gesichtszüge einmal als christliche Version des Serienmörders Charles Manson beschrieben. Was ich für ein kleines Fenster im Toilettengebäude gehalten hatte, durch das ich die Quelle der seltsamen Geräusche erspähen wollte, war in Wirklichkeit ein Spiegel gewesen!

Wir lachten uns beide in den Schlaf, und am nächsten Tag beteten seine Freunde vom College ausgiebig dafür, dass die Bedrückung, mit der mein Feind mich quälte, von mir wich. Als ich nach Hause fuhr, fühlte ich mich wieder frei und beschloss, dass es an der Zeit war, zum Friseur zu gehen – zur großen Erleichterung meiner Eltern, die den Sommer über mit mir leben mussten.

Es ist nicht so, dass langes Haar oder Bärte verkehrt sind, aber es tat mir gut, mich von dem alten Jim zu trennen und den neuen Menschen »anzuziehen«, der nach dem Bild Christi geschaffen war. Gerade dann, wenn wir es am wenigsten erwarten, kann jene alte Natur, die wir für immer verschwunden wähnten, zum Leben erwachen und uns erschrecken.

Wir werden bis zu unserem Lebensende Sünder bleiben, und diese sündhafte Natur wird manchmal uns selbst und andere verletzen. Aber wir haben die Gewissheit, dass Gott uns vergibt und uns verwandelt, wenn wir zulassen, dass er mit seiner Gnade an uns wirkt. Ich bin inzwischen ein ganzes Stück älter, und mein »äußerer Mensch« ist nicht mehr so stark und energiegeladen wie früher. Aber das macht mir nichts aus, denn gleichzeitig darf ich mich darüber freuen, dass mein »innerer Mensch« immer mehr geheiligt und in das Bild von Jesus verwandelt wird.

Der Engel kam barfuß

Connie Green (nacherzählt von Charles D. Cochran)

Mein Mann und ich betrachten die Natur als Schatz, den Gott zu unserer Freude geschaffen hat – darum lieben wir Colorado. Von Kansas City, wo wir wohnen, fahren wir mehrmals im Jahr dorthin, um Ski zu fahren, zu wandern, zu angeln und allen möglichen anderen Outdoorbeschäftigungen nachzugehen. Es ist eine himmlische Gegend.

Aber eine dieser Reisen öffnete mir die Augen für eine geistliche Dimension, mit der ich vorher nie ernsthaft gerechnet hatte.

Seit Jahren hatten unsere beiden Jungen uns darum gebeten, einmal eine Wildwasserkanufahrt mit ihnen zu unternehmen, und als sie schließlich alt genug dafür waren, buchten wir eine Tagestour. Der Himmel war an jenem Morgen sonnig und so strahlend blau, wie es für Colorado typisch ist. Wir checkten ein und wurden bald darauf zum Arkansas River gebracht.

»In Ihrem Prospekt steht ›Erkundungsfahrten unter Umständen empfehlenswert‹«, sagte Tim während der kurzen Einweisung vor der Fahrt. »Wie ist das gemeint?«

»Wie Sie wissen, birgt jede Wildwasserfahrt ihre Risiken. Aber um diese Jahreszeit fahren wir fast täglich den Fluss hinunter. Darum sind wir uns normalerweise aller eventuellen Gefahren bewusst«, antwortete unser Führer. »Sie brauchen sich keine Sorgen zu machen; das Ganze ist ziemlich sicher.«

Das war beruhigend – dachten wir.

Während der ersten Phase der Fahrt waren die Stromschnellen begeisternd und aufregend, und die Landschaft bot uns – wenn wir imstande waren, sie zu betrachten – den Blick auf schneebedeckte Granitgipfel und verschiedene Arten hoch aufragender Pinien, von denen viele direkt aus den Felsen herauswuchsen.

Ein Teil dieses Gebietes ist nur vom Fluss aus zugänglich, und der Platz, an dem wir anhielten, um unser Mittagessen einzunehmen, war so friedlich und beschaulich, dass ich den Rest des Tages dort hätte verbringen können. Aber leider lockten die Stromschnellen. Wir setzten die Fahrt fort, die teils über Stromschnellen, teils durch relativ ruhig dahinfließendes Wasser führte. Genau die richtige Mischung, bis …

Der Fluss verengte sich, und die Stromschnellen wurden heftiger, während der Fluss eine Biegung machte. Als wir den erst vor Kurzem umgestürzten Baum bemerkten, waren wir schon beinahe auf ihm gelandet. Unser Kanu wurde von der gewaltigen Kraft des Wassers erfasst und drohte vollzulaufen oder umzukippen.

»Highside, highside!«, schrie unser Führer.

Wir waren einen Moment ratlos und versuchten uns an die Einweisung zu erinnern, die wir an diesem Morgen erhalten hatten. Es schien schon eine Ewigkeit her zu sein. »*Highside*« bedeutete, dass sich alle in den flussabwärts liegenden Teil des Bootes begeben sollten, damit es nicht so leicht volllaufen oder umkippen konnte. Wir bewegten uns so schnell wie möglich dorthin, aber wir waren nicht schnell genug. Einige von uns wurden ins Wasser geschleudert. Auch ich.

Als ich ins Wasser eintauchte, sah ich etwa zwanzig Meter flussaufwärts das umgekippte Boot und ein paar meiner Mitreisenden. Ehe ich es mich versah, schnitt ich mir an einer scharfen Felskante das Bein auf, direkt über dem Knie. Der tiefe Schnitt in dem kalten Wasser verursachte starke Schmerzen, und ich griff instinktiv nach meiner Wunde. Dann fiel mir ein, dass unser Führer uns gesagt hatte: »Halten Sie die Fußspitzen nach oben und flussabwärts gerichtet, wenn Sie ins Wasser fallen. Damit reduzieren Sie die Wahrscheinlichkeit, dass Ihre Füße sich irgendwo verfangen und Sie unter Wasser gezogen werden.«

Als ich den Versuch machte, meine Beine anzuheben und mich

umzudrehen, schlug mein Kopf an einen Felsbrocken. Benommen, aber dank des Helms, den ich trug, immer noch bei Bewusstsein, trieb ich flussabwärts. Dabei tanzte ich unkontrolliert im Wasser auf und ab wie ein Ball in einem riesigen Flipperautomaten.

Ich schaffte es, meinen Kopf über Wasser zu halten, aber ich wurde rasch müde. Mein Schädel pochte zum Zerspringen, mein Bein blutete – und ich war in großer Gefahr. Eines hatte ich bei unseren zahlreichen Besuchen in Colorado gelernt: Manchmal ertranken Menschen in den Flüssen auf gerade solchen Fahrten wie unserer.

»Jesus, hilf mir!«, rief ich in verzweifelter Angst.

Plötzlich stieß ich mit einem anderen Baumstamm zusammen, der mich abbremste. Er war zwischen mehreren Felsen eingekeilt, die sich direkt unter der Wasseroberfläche befanden. Eines seiner Enden war nahe am Ufer, und in jenem hoffnungsvollen Moment dachte ich, ich könnte mich in Sicherheit bringen.

Das Wasser drückte mit aller Macht gegen meinen Rücken, und ich brauchte meine ganze Kraft, um mich hochzudrücken. Zentimeter um Zentimeter glitt ich an dem Stamm entlang. Einen halben Meter ... einen Meter.

Inzwischen brannten mir die Arme und begannen zu zittern; dann verlor ich das Gleichgewicht. Die starke Strömung schleuderte mich Kopf voran in die Stromschnellen.

Ich drehte mich um mich selbst, verlor die Orientierung und versank in den weißen, brausenden Wassermassen. Instinktiv versuchte ich an die Oberfläche zu paddeln, aber ich schaffte es nicht, an die Luft zu gelangen. Meine Lungen brannten und ich hatte bald das Gefühl, sie würden zerplatzen. Die wenigen Sekunden, die das Ganze dauerte, kamen mir wie Stunden vor.

»Herr Jesus ...«

Es wurde dunkel um mich, und ich verlor das Bewusstsein und merkte nicht mehr, wie ich flussabwärts gespült wurde.

»Connie …« Irgendwo aus der Ferne hörte ich jemanden meinen Namen rufen.

»Connie …« Da war die Stimme wieder – diesmal näher, aber nicht dringlich – eher wie ein sanfter Weckruf.

Ich spürte starke Hände unter meinen Armen, die mich aus dem Wasser zogen. Ich hustete und öffnete die Augen. Ich konnte nur verschwommen sehen. Auch nachdem ich mehrmals geblinzelt hatte, war alles, was ich erkennen konnte, ein Mann in weißer Kleidung. Während er mich auf einen großen, flachen Felsen direkt über dem Fluss zog, spürte ich, wie sein langes Haar mich berührte – aber sein Gesicht sah ich nicht.

»Jetzt bist du in Sicherheit«, sagte er. »Entspann dich einfach.«

Ich öffnete den Mund, um ihm zu danken, aber ich brachte kein Wort heraus. Erschöpft schlief ich ein.

Das Nächste, woran ich mich erinnere, war, dass Tim meinen Namen rief. Ich wachte auf und sah alle, die im Kanu gewesen waren, auf mich herunterschauen.

»Alles in Ordnung mit dir?«, fragte Tim, während er mir half, mich aufzurichten. »Das ist ja ein schlimmer Schnitt.«

»Na ja, mein Kopf tut mir am meisten weh. Den habe ich mir ziemlich schlimm angeschlagen – aber ansonsten ist, glaube ich, alles in Ordnung.«

Unser Führer leuchtete mir mit der Taschenlampe in die Augen. »Sie haben vielleicht eine Gehirnerschütterung, darum sollten Sie so bald wie möglich einen Arzt aufsuchen. Aber Ihr Bein ist nicht so schlimm verletzt, wie es aussieht.« Er nahm ein paar elastische Binden aus seinem Verbandskasten. »Gut, dass Sie es geschafft haben, sich rechtzeitig aus dem Wasser zu ziehen. Die Stromschnellen weiter unten könnten ohne Kanu tödlich sein.«

»Die Stellen, die ich durchquert habe, waren schlimm genug, vielen Dank – und ich habe mich nicht selbst aus dem Wasser gezogen. Das hat jemand anderes getan.« Alle sahen mich verwirrt an und ich erzählte ihnen, was geschehen war.

Unser Führer hörte auf, Binden abzurollen, und sah mich strafend an.

»Dieses Gebiet ist ohne Kanu beinahe unzugänglich«, sagte er. »Und wir sind die einzige Gesellschaft, die im Moment eine Fahrerlaubnis für diesen Flussabschnitt hat. Entweder haben Sie geträumt, oder Sie haben sich den Kopf schlimmer angeschlagen, als ich dachte.«

Ich suchte Tims Blick, und sein hintergründiges Lächeln sagte mir, dass er mir glaubte. Dann wandte er sich ab.

»Das war kein Traum. Ich wäre ertrunken, wenn er mich nicht rausgezogen hätte … Ich frage mich nur, woher er meinen Namen kannte?«

Tim hatte sich hingekniet und untersuchte den Boden ein Stück neben der Stelle, auf der ich lag.

»Ich weiß es«, sagte er, kaum hörbar wegen des Lärms, den die Stromschnellen machten.

»Was weißt du, Papa?«, fragte Tim junior und rannte auf seinen Vater zu.

»Pass auf, wo du hintrittst, Junge.« Er blickte zurück auf die Gruppe. »Ich habe gesagt, ich weiß, wer Connie gerettet hat und woher er ihren Namen kannte.«

Es ging ein Raunen durch die Gruppe, während sie auf Tim zugingen.

»Passt auf, wo ihr hintretet«, wiederholte er. Die Gruppe spähte über die Schultern von Tim junior auf den felsigen Boden. Dort, in der weichen Erde zwischen den Steinen, war der Abdruck eines nackten Fußes zu sehen.

»Was sagen Sie dazu?«, fragte Tim.

Der Führer kniete sich hin und berührte den Abdruck vorsichtig. »Er ist neu – und er scheint von einem Menschen zu stammen –, aber wer in aller Welt könnte so dumm sein, hier draußen barfuß herumzulaufen?«

Tims wissendes Lächeln traf den Führer unvorbereitet. Ungläubig riss er die Augen auf. Tim stand auf und trat neben mich. »Liebling, ich glaube, das solltest du sehen.«

Vielleicht bildete ich es mir nur ein, aber die weiche Erde unter meinen Fingerspitzen fühlte sich warm an. Ich wusste sofort, warum Tim lächelte. Vielleicht bedeutete der Fußabdruck selbst nicht viel – aber uns reichte diese Bestätigung vollkommen.

Der Arzt sagte, ich hätte Glück gehabt und nur eine leichte Gehirnerschütterung davongetragen. Er verordnete mir zwei bis drei Wochen Ruhe. Das gab mir Zeit, um nachzudenken.

Ich wäre beinahe ertrunken. Ich werde nie vergessen, wie es sich anfühlte, keine Luft mehr zu bekommen. Ich nehme es nicht mehr als selbstverständlich hin, atmen zu können. Ich danke Gott dafür, dass er seinen Engel geschickt hat, um mich zu retten.

Aber warum mich?

Bald darauf zeigte er es mir. Er hat einen Plan. Er hat mich gerettet, damit ich dabei helfen kann, andere zu retten. Das ist sein Plan für mich – und im Grunde für uns alle.

Unsere Familie verbringt immer noch viel Zeit in der Natur, aber jetzt haben wir eine ausgewogenere, weniger oberflächliche Einstellung. Der Sinn unseres Lebens besteht nicht nur darin, dass es uns selbst und unserer Familie gut geht. Solange wir auf dieser Erde leben, haben wir die Aufgabe, positiv in das Leben anderer hineinzuwirken – vor allem durch persönliche Gespräche und Begegnungen. Ich erzähle anderen Menschen manchmal sogar diese Geschichte.

Engel sind real, aber nicht jeder hat schon eine bewusste Begegnung mit einem von ihnen gehabt. Wir alle begegnen jeden Tag Menschen, die einen Engel brauchen. Auch wenn ich vielleicht kein Engel Gottes *bin*, kann ich durch Gottes Gnade wie ein Engel *handeln*.

Der große Besucher

Ingrid Shelton

Es war Heiligabend, aber ich war mir dieses besonderen Tages nicht bewusst. Ich lag in einem Krankenhausbett in Deutschland und schwebte zwei Tage lang zwischen Leben und Tod.

Meine Mutter, meine Schwester und ich hatten nach dem Zweiten Weltkrieg versucht, aus der kommunistischen Besatzungszone zu fliehen und wollten über die Grenze nach Westdeutschland gelangen. Nach zwei Nächten hatten wir es geschafft und trafen auf der westdeutschen Seite auf Mitarbeiter des Roten Kreuzes. Sie brachten uns bei einer Bauernfamilie in einem norddeutschen Dorf unter. Geschwächt durch Unterernährung und den langen Marsch über die Grenze in der kalten Herbstnacht, bekam ich bald darauf eine Rippenfell- und Lungenentzündung. Also wurde ich in aller Eile in das einige Kilometer entfernte Oldenburg gefahren und ins städtische Krankenhaus eingeliefert.

Nun lag ich bewusstlos und mit hohem Fieber im Bett. Der Arzt machte sich keine Hoffnungen, dass ich wieder gesund werden würde. Irgendwie hatte er telefonisch mit den Nachbarn der Bauernfamilie Kontakt aufgenommen und sie gebeten, meiner Mutter zu sagen, dass ich die Nacht nicht überleben würde.

Ich wusste nicht, wie schlimm es um mich stand. Im Laufe des Vormittags war ich kurz wach geworden und hatte gehört, dass irgendwo im Flur ein Weihnachtslied gesungen wurde. Aber dann hatte ich wieder das Bewusstsein verloren.

In der Nacht wachte ich plötzlich auf. Ein großer, schlaksiger Mann stand an meinem Bett und streckte mir die Hand entgegen. Obwohl ich ihn nicht kannte, sprang ich sofort auf und stellte mich neben ihn. Irgendwie wusste ich, dass er etwas mit dem Tod zu tun hatte.

Bis zu jenem Zeitpunkt hatte ich Angst vor dem Tod gehabt. Ich hatte davon gehört, dass Tote manchmal wiederkamen, um die Lebenden zu quälen, und ich wusste nicht, was mit mir geschehen würde, wenn ich starb. Ich war erst zehn Jahre alt und wollte nicht über den Tod nachdenken.

Aber während ich zu dem Mann ging, empfand ich überhaupt nichts. Ich hatte keine Angst und war auch nicht traurig.

Der große Mann nahm mich bei der Hand, und wir traten zur Wand. Aber dort schien überhaupt keine Begrenzung zu sein. Wir schwebten durch mindestens zwei weitere Räume und Flure, als würden die dicken Wände überhaupt nicht existieren, und erreichten schließlich den Innenhof. Dieser Innenhof war von drei Krankenhausflügeln umgeben, die jeweils vier Stockwerke hoch waren. Ich war barfuß und trug nur mein Krankenhausnachthemd, aber ich spürte die Kälte nicht, obwohl der Boden gefroren und schneebedeckt war.

Plötzlich hörten wir irgendwo über uns eine gebieterische Stimme. Der Mann und ich blieben sofort stehen.

»Nimm nicht sie. Nimm ihn!«, befahl die Stimme. Mein Blick richtete sich auf ein Fenster, das sich in einem der Flügel im zweiten Stockwerk befand. Ich wusste, dass dort der Sohn der Nachbarsfamilie lag, der kurz zuvor an Diphtherie erkrankt war.

Im selben Moment ließ der Mann meine Hand los, packte mich an der Schulter und drückte meinen Oberkörper kurz nach unten. Als ich mich wieder aufrichtete, war der Mann verschwunden, und ich lag wieder in meinem Krankenhausbett.

Am nächsten Morgen war das Fieber weg. Ich war immer noch schwach, aber ich erholte mich schnell. Meine Mutter kam mit dem Nachbarn, dessen Sohn wegen Diphtherie eingeliefert worden war, zum Krankenhaus. Ich lebte und war schon fast wieder gesund, und meine Mutter war überglücklich.

»Der Sohn unserer Nachbarn ist an Heiligabend plötzlich gestorben«, erzählte sie mir.

»Ich weiß«, sagte ich. Ich war sicher, dass der große Mann den Nachbarsjungen geholt hatte, nachdem er mich losgelassen hatte; darum war sein Tod keine Überraschung für mich. Trotzdem konnte ich meiner Mutter in dem Moment nicht sagen, was ich an Heiligabend erlebt hatte. Vielleicht würde sie denken, dass ich geträumt oder Halluzinationen gehabt hätte?

»Die Nachbarn sind ganz verzweifelt. Am Tag zuvor hatte man ihnen gesagt, dass es ihm besser ginge«, fuhr meine Mutter fort. »Und du warst so krank. Ich habe versucht, ins Krankenhaus zu kommen, aber es fuhren keine Busse oder Züge. Und es gab auch keine Taxis. Ich war die ganze Nacht wach und habe mir solche Sorgen um dich gemacht. Ich habe unseren Gastgeber gebeten, das Pferd anzuschirren und mich ins Krankenhaus zu fahren, aber er sagte, die Straßen wären zu vereist. Ich bin so froh, dass du dich so schnell erholt hast. Es ist wirklich ein Wunder.«

»Ja.« Ich nickte und dachte an den Heiligen Abend im Innenhof. Wer war der Mann, der in jener Nacht gekommen war, um mich zu holen? Und wem gehörte die gebieterische Stimme, die wir gehört hatten?

Ich hatte noch nie von Gott oder der Bibel gehört.

Kurz bevor ich entlassen wurde, machte ich einen Spaziergang durchs Krankenhaus und kam zu einem Innenhof. Staunend erkannte ich, dass es der Hof war, zu dem der Mann mich gebracht hatte. Plötzlich wusste ich ohne den geringsten Zweifel, dass mein Erlebnis an Heiligabend real gewesen war. Ich hatte es mir nicht eingebildet.

Aber von dem Tag an, an dem der Todesengel meinen Oberkörper nach unten gedrückt hatte, begann ich eine Skoliose zu entwickeln. Ich frage mich, ob das geschah, um mich an meine Begegnung mit den übernatürlichen Mächten zu erinnern?

Die Jahre vergingen, und zu einem späteren Zeitpunkt in meinem Leben erfuhr ich, dass es Gott wirklich gibt. Durch jenes Erlebnis im Krankenhaus hatte Gott mir nicht nur gezeigt, dass es ein Leben nach dem Tod gibt, sondern auch, dass er die Macht über das gesamte Universum hat. Er wollte, dass ich damals weiter auf der Erde lebte. Ich begriff, dass es Gottes Stimme war, die ich an jenem Heiligen Abend im Innenhof des Krankenhauses gehört hatte.

So wie Gott Jesus geschickt hat, damit er an meiner Stelle starb, hat er aus Gründen, die ich jetzt noch nicht kenne, den Nachbarsjungen an meiner Stelle in die Ewigkeit geholt. Es ist eine Lektion, die ich niemals vergessen werde. Ich bin dankbar dafür, dass ich an jenem Heiligabend eine zweite Chance bekommen habe – und dankbar dafür, dass Gott mir Möglichkeiten geschenkt hat, anderen die Geschichte seiner Gnade in meinem Leben weiterzuerzählen.

Ein neues Herz

Linda Jett

»Sie und Ihre Freundin waren in einem früheren Leben in Ägypten einmal miteinander verwandt«, verkündete mir die männliche Stimme während meiner privaten Sitzung. In dröhnendem Ton fuhr sie damit fort, Details zu schildern, die meine Seele im Laufe vergangener Jahrhunderte erlebt hatte. Schließlich, am Ende der Sitzung, erwachte die Pastorin der kleinen Landgemeinde aus ihrer Trance und verabschiedete sich mit ihrer normalen Stimme von mir.

Als ich meiner Mitbewohnerin berichtete, was das Medium mir mitgeteilt hatte, rief sie: »Ich wusste doch, dass zwischen uns eine Verbindung besteht, die sich nicht nur dadurch erklären lässt, dass wir für denselben Chef arbeiten!«

Ich teilte ihre Begeisterung nicht. Irgendetwas an dieser neuen Offenbarung kam mir verkehrt vor.

Ich hatte vor Kurzem meinen Mann und meine dreijährige Tochter verlassen. Ich hatte das Gefühl, im Hinblick auf traditionelle Wertvorstellungen versagt zu haben. Als meine Mitbewohnerin mich einlud, sie zu ihrer Gemeinde zu begleiten, tat es mir gut, dort Lieder und Bibelabschnitte zu hören, die ich von Kind auf kannte. Ich mochte die Sicherheit, die sie mir vermittelten. Aber tief in meinem Innern wusste ich, dass sich die Reinkarnationslehre, der die Pastorin und andere Gemeindemitglieder anhingen, nicht mit der Bibel vereinbaren ließ.

Währenddessen schrie meine Mutter, die mehrere Hundert Kilometer entfernt von mir lebte, zu Gott. Sie konnte nicht begreifen, warum ihr einziges Kind, eine intelligente Akademikerin, ihre Ehe, ihr Kind und den Glauben aufgegeben hatte, in dem sie erzogen worden war. Ob eingeschlossen in ihrem abgedunkelten

Schlafzimmer oder draußen im Sonnenschein im Garten – meine Mutter betete Tag für Tag treu für mich.

Gott schenkte ihr und meinem Vater die Weisheit, sich nie von meinem Mann abzuwenden oder Partei zu ergreifen. Sie blieben in Kontakt mit ihrem einzigen Enkelkind, egal, was es sie kostete. Sie suchten auch immer wieder Kontakt zu mir und bemühten sich, mich da abzuholen, wo ich mich gerade befand, auch wenn sie die Gründe für meine Entscheidungen nicht begriffen.

Ich konnte nicht erklären, wie die zunehmenden Schmerzen, Enttäuschungen und Missverständnisse schließlich zu einem Gewaltausbruch geführt hatten, der meine Ehe zerstörte. Daher brach ich die Gespräche mit meinen Eltern ab. Ich versuchte stattdessen, mir eine neue Familie von »Freidenkern« aufzubauen.

Ich verließ mich ganz auf diese neuen Freunde und suchte bei ihnen Rat, Frieden und Sicherheit. Gemeinsam tranken wir bis spät in die Nacht, arbeiteten tagsüber in derselben Firma und unternahmen am Wochenende lange Wanderungen und Erlebnisreisen. Zuerst fühlte ich mich beflügelt, da ich nicht länger durch meine Ehe, meine Mutterrolle oder den Versuch, meinen Eltern zu gefallen, eingeengt war.

Ich besuchte Yoga-Stunden für Fortgeschrittene, die immer mit einer Gruppenmeditation endeten. Während unser Übungsraum von summenden Geräuschen erfüllt war, nahm ich wahr, wie sich die unsichtbare Welt um mich herum veränderte. Ich verspürte eine leise Angst, die mich warnte, dass dieser »Friede« in Wirklichkeit eine Illusion war.

»Veränderte Bewusstseinszustände« lautete die Beschreibung eines Volkshochschulkurses. Das klang vielversprechend. *Warum eigentlich nicht?*

Ich überredete eine andere Mitbewohnerin, eine ehemalige Anhängerin des Hexenglaubens, den Kurs gemeinsam mit mir zu besuchen. Wir erwärmten uns für die Lehren der Transzendentalen Meditation und der Hare-Krishna-Bewegung. Das Leben in einer Kommune schien die passende Antwort auf die Einsamkeit zu sein, die ich in mir trug.

Schließlich verschaffte mir meine Suche eine andere Arbeitsstelle. Dort erlebte ich den Kick, neue Beziehungen einzugehen. Einmal hatte ich ein Verhältnis mit einem Schamanen, der in der Firma, in der ich arbeitete, eine äußerst geachtete Position innehatte. Er führte mich in Erfahrungen wie Astralreisen ein. Obwohl sie mich zu Beginn faszinierten, schenkten mir all diese Erlebnisse und die dahinterstehenden Gedankengebäude weder Frieden noch die ersehnte Sicherheit. Sie bewirkten stattdessen, dass ich dem äußeren Anschein immer mehr zu misstrauen begann.

Ich betäubte meinen Schmerz mit Drogen und Alkohol. Aber eines Nachts geriet meine ohnehin angeschlagene Stabilität durch eine Angstattacke zusätzlich ins Wanken. Eine herrenlose graue Dogge hatte sich Einlass in unser Leben und unser Landhaus verschafft. Eines Nachts träumte ich, dass das Tier seine Gestalt veränderte. Oder hatte ich eine durch Drogen verursachte Halluzination? Jedenfalls verwandelte der Hund sich in ein schreckliches Monster, das darauf wartete, mich zu attackieren. Der Traum erfüllte mich mit unbeschreiblicher Panik.

Einige Jahre später überfiel mich eine neue Welle der Angst, als ich durch eine kräftezehrende Blutkrankheit mit meiner eigenen Sterblichkeit konfrontiert wurde. Ich stieß an die Grenze dessen, was die Welt mir bieten konnte, und sah keinen Ausweg mehr. Verzweifelt kämpfte ich darum, mich von den Fesseln der Angst und der Dunkelheit zu befreien. Ich zog aus der Wohngemeinschaft aus, in der ich gelebt hatte, und begann mein Herz vor dem Gott auszuschütten, den ich seit meiner frühen Kindheit gekannt hatte.

»Ich habe den Karren an die Wand gefahren«, schluchzte ich, während ich im Dunkeln um den Sportplatz der Schule joggte und dann in das Mietshaus zurückkehrte, in dem ich jetzt allein lebte.

»Gott, es ist in Ordnung, wenn du mich sterben lässt. Was ich getan habe, tut mir so leid.« Tränen strömten mir über die Wangen und taten ihr reinigendes Werk, während ich mein Leben immer wieder Gott auslieferte.

Schließlich entfernten die Ärzte mir die Milz. Während mein Körper sich erholte, begann Gott mein inneres Leben auf dem festen Fundament seiner Wahrheit neu aufzubauen. Ich schloss mich einer bibeltreuen Gemeinde an. Ich hungerte nach dem Wort Gottes und begann ernsthaft in der Bibel zu lesen, sowohl allein als auch im Rahmen der Bibelstunde.

In der Gemeinde lernte ich schließlich einen Mann kennen, der sich ebenfalls danach sehnte, Gottes Wort im Alltag praktisch auszuleben. Wir heirateten einige Monate darauf.

Viele Jahre später bot die Gemeinde ein Seminar über Heilungsgebet an. Da ich Physiotherapeutin bin, sprach mich alles an, was meinen geplagten Kunden helfen konnte. Aber zunächst musste ich selbst innere Heilung erleben. Ich studierte die Bibel und betete inbrünstig mit anderen Geschwistern. Ich bekannte, dass ich mich in der Vergangenheit mit okkulten Praktiken eingelassen hatte, und bat den Herrn, sämtliche Spuren auszulöschen, die diese Begegnungen in meiner Gedankenwelt und meinem Glaubensleben hinterlassen hatten.

Dann nahm ich an einer geistlichen Rüstzeit teil.

Gegen Ende der Veranstaltung saß ich still in einer Kirchenbank und wollte über das Wort Gottes meditieren. Plötzlich stand Christus selbst vor mir. Während sein liebevoller Blick meine Seele durchdrang, griff er in meine Brust und holte mein Herz heraus.

Es war schwarz und hart und es schlug nicht, während er es in seinen Händen hielt. Dann hauchte er ihm sanft neues Leben ein. Da wurde es von strahlendem Glanz erfüllt und begann zu schlagen. Er setzte es zurück in meine Brust und verkündete: »Ich habe dir einen neuen Namen geschenkt.«

Als die Vision endete, blickte ich auf, um zu sehen, ob irgendjemand anderes diesen sehr intimen Augenblick miterlebt hatte. Es schien jedoch niemand mein Erlebnis bemerkt zu haben. Aber auf dem gesamten Heimweg rief ich: »Gott ist mein Vater! Er liebt mich genau so, wie ich bin. Er freut sich an mir und jauchzt mit lauten Jubelrufen über mich (vgl. Zefanja 3,17). Er hat mir einen neuen Namen gegeben!« Die Freude, die mich erfüllte, ließ sich kaum in Worte fassen.

Tief in meinem Innern wusste ich, dass ich nicht aus meinem früheren, von Betrug, Gebundenheit und Angst bestimmten Leben herausgefunden hätte, wenn meine Mutter nicht Tag für Tag, Jahr für Jahr so treu für mich gebetet und dadurch Gottes Kraft freigesetzt hätte.

Nach zweiunddreißig Ehejahren, der Geburt eines Sohnes, einer wiederhergestellten Beziehung zu meiner Tochter und der Geburt von drei Enkelkindern freue ich mich auf den Tag, an dem ich in den Himmel komme und meiner Mutter dafür danken kann, dass sie in der unsichtbaren Welt so unermüdlich für mich gekämpft hat.

Entschlossene Gebetskämpfer, die mit Gott verbunden sind, können Wunder erfahren! Ich weiß es – ich bin der lebendige Beweis.

Engel auf dem Rücksitz

Sally Edwards Danley

»Sally, mir gefällt deine Sammlung von Engelfiguren. Hast du schon jemals einen echten Engel gesehen?«

Meine Freundin Marcia stellte mir diese Frage, als sie mich vor vielen Jahren zum ersten Mal besuchte. Sie stand vor dem kleinen Schränkchen, das einer meiner Söhne mir zu Weihnachten geschenkt hatte. Da es eine gläserne Front hatte, eignete es sich meiner Ansicht nach gut dazu, die Engelfigürchen zu beherbergen, die ich im Laufe der Zeit erhalten hatte.

»Nein, Marcia, aber ich bin fasziniert von Engelgeschichten aller Art«, erwiderte ich.

Ich bekam seit einiger Zeit christliche Zeitschriften, die auch von Begegnungen mit Engeln berichteten, und las sie gern. Ich hatte auch Predigten gehört und Bibelstellen gelesen, die sich mit Engeln beschäftigten. Da sie meine Begeisterung dafür kannten, schenkten mir meine drei Teenager und andere Freunde und Bekannte ab und zu Engelfiguren oder Kleidungsstücke mit Engelmotiven.

Mir gefiel die Vorstellung, dass es vielleicht wirklich Engel gab. Je mehr Geschichten ich darüber las, desto mehr hoffte ich, eines Tages einen zu sehen. Aber ich hielt es nicht für sehr wahrscheinlich.

Dann stellte meine Tochter mein Leben auf den Kopf.

Als Jeannie sich im letzten Highschool-Jahr befand, war sie mit einem gut aussehenden Klassenkameraden zusammen. Verständlicherweise war ich ziemlich aufgebracht, als sie mich fröhlich davon in Kenntnis setzte, dass ich Großmutter wurde. Ich hatte ihr immer zu vermitteln versucht, wie wichtig es war, vor der Ehe keine sexuellen Beziehungen einzugehen. Sie erzählte es mir an meinem neununddreißigsten Geburtstag in der Hoffnung, dass ich mich darüber freuen würde. Aber das tat ich nicht.

Ihr Freund war auch nicht glücklich. Er fühlte sich noch nicht reif genug, um zu heiraten, und erst recht nicht, um Vater zu werden. Jeannie dachte, dass er seine Meinung bestimmt ändern würde und dass sie heiraten würden, bevor das Baby kam. Aber nachdem sie beide einige Monate später ihren Highschool-Abschluss gemacht hatten, ging er zur Marine und zog fort.

Jeannie war überrascht und außer sich. Sie hörte zehn Jahre lang nichts mehr von ihm.

Meine eigene Ehe war zerbrochen, und so musste ich meine Familie allein ernähren. Ich verdiente nicht besonders viel, aber ich konnte Jeannie und meinen beiden Söhnen Patrick und Scott, die beide noch zur Highschool gingen, immerhin ein Zuhause bieten.

Nun fühlte ich mich finanziell für das Baby verantwortlich. Ich überzeugte Jeannie davon, dass es das Beste war, wenn sie ihr Kind zur Adoption freigab. Wir vereinbarten einen Termin mit einer Agentur, die diese Dinge regelte. Aber nachdem wir den Termin ausgemacht hatten, lächelte Jeannie kaum noch.

In der Woche vor unserer Verabredung bat mich Jeannie eines Abends, als ich von der Arbeit kam, mich hinzusetzen und mit ihr zu reden. Ich hatte sowieso vorgehabt, das zu tun, da ich an diesem Tag etwas Wichtiges erlebt hatte.

»Mama«, sagte sie, »ich weiß, dass das irgendwie verrückt klingt, aber ich hatte den Eindruck, dass Gott mir heute gesagt hat, wir sollen das Baby behalten.«

Ich war nicht sonderlich überrascht. Ich lächelte sanft und sagte: »Gott hat mir heute genau dasselbe gesagt, Jeannie.«

Wir sahen einander mit einer Mischung aus Ehrfurcht und Freude an, während uns die Tränen über die Wangen liefen. Wie konnten wir dieses Drängen ignorieren, das wir beide gleichzeitig empfanden?

Ich hatte keine Ahnung, wie ich für die zusätzlichen Kosten für ein weiteres Kind aufkommen sollte, aber ich empfand vollkommenen Frieden und war mir sicher, dass Gott sich darum kümmern würde.

Natürlich stürzten wir beide uns, wie Frauen es eben machen, mit Begeisterung auf die Aufgabe, alles zu besorgen, was wir für das Baby brauchten. Wir wussten nicht, ob es ein Junge oder ein Mädchen sein würde, aber wir hofften beide im Stillen auf ein kleines Mädchen. Und wir kauften Decken und Hemdchen mit Engelmotiven.

An einem wunderschönen Oktobertag kam Jeannies Tochter Shawna zur Welt. Ich stand daneben und sah voller Freude zu, wie mein erstes Enkelkind geboren wurde. Ich empfand es als Wunder. All meine Ängste und Sorgen verblassten. Es spielte keine Rolle, ob ich zu jung war, um Großmutter zu werden. Ich machte mir keine Gedanken mehr darüber, ob wir für das Baby finanziell aufkommen konnten. Ich empfand nur ein tiefes, ehrfürchtiges Staunen über diesen kostbaren kleinen Engel.

Nachdem Jeannie in ein Krankenzimmer gebracht worden war, um sich auszuruhen, fuhr ich zu meiner Firma, einem kleinen Laboratorium, in dem ich als Sekretärin und Buchhalterin arbeitete. Es erfüllte mich mit Genugtuung, meinen Kollegen von der Geburt meiner Enkelin zu erzählen. Nachdem ich die liegen gebliebenen Schreibarbeiten erledigt und ein paar Telefonate geführt hatte, trat ich ins Freie, um frische Luft zu schnappen und mich von der Sonne bescheinen zu lassen.

Während ich auf der schmalen Betontreppe saß, blickte ich hinauf in den klaren blauen Himmel. Dankbarkeit erfüllte mein Herz.

»Danke, Herr«, sagte ich laut. Dieser denkwürdige Moment steht mir heute noch deutlich vor Augen. Ich empfand solche Ehrfurcht. Ich hatte selbst drei Babys bekommen, aber ich hatte nie zugeschaut, wie ein Kind geboren wurde.

Einige Wochen später nahm Jeannie ihre Arbeit in einem Fast-Food-Restaurant wieder auf. Sie legte ihre Arbeitszeiten auf den Abend, damit ihre Brüder helfen konnten, auf das Baby aufzupassen. Die beiden arbeiteten ebenfalls nach der Schule, aber sie sorgten dafür, dass einer von ihnen immer für Shawna da war, bis ich von der Arbeit kam.

Das funktionierte einige Monate lang gut, aber dann beschloss Jeannie auszuziehen. Ich fand das schrecklich und versuchte es ihr auszureden. Ich hatte mich so daran gewöhnt, die kleine Shawna um mich herum zu haben, und ich liebte sie so sehr. Natürlich fühlte ich mich für sie verantwortlich. Aber ein Teil von mir wusste, dass ich diese Verantwortung Shawnas Mutter übertragen musste.

Wir halfen Jeannie bei ihrem Umzug in ein Apartment, das etwa zwanzig Minuten von unserer Wohnung entfernt lag. Sie arbeitete ganztags und begann nun, die Kleine in eine Kindertagesstätte zu bringen.

Einige Monate später rief Jeannie an und sagte: »Mama, am Freitagabend will ich mit Shawna nach Oklahoma City fahren, damit sie ihre vier Urgroßeltern kennenlernen kann.«

Ich war verletzt, dass ich nicht zu diesem Treffen eingeladen war. Es fiel mir schwer zu akzeptieren, dass meine Tochter jetzt erwachsen war und dass ich ihre Entscheidungen respektieren musste. Der Gedanke, dass sie mit einem so kleinen Kind eine fünfstündige Autofahrt unternehmen würde, erfüllte mich mit Sorge.

»Ich fahre nach der Arbeit, dann wird Shawna schlafen. Und abends ist sicher auch weniger Verkehr«, sagte sie. Das klang logisch. Was hätte ich dagegen einwenden können? Also sagte ich sanft: »Kommst du wenigstens vorbei, damit ich für dich und die Kleine beten kann, bevor ihr fahrt?«

»Klar«, sagte sie. »Ich bin etwa Viertel nach zehn da, aber ich kann nicht lange bleiben.«

»Das verstehe ich«, versicherte ich ihr.

Am Freitagabend stand sie pünktlich vor der Tür. Ich hatte aus dem Fenster geschaut, damit ich gleich hinausgehen konnte, wenn sie kam, sodass sie keine unnötige Zeit verlor.

Da dies die erste Überlandfahrt war, die sie allein unternahm, war Jeannie ziemlich aufgeregt. Wie sie gehofft hatte, schlief Shawna tief.

Ich schlang die Arme um Jeannie und drückte sie fest. Ich legte eine Hand auf sie und eine auf das Auto und betete, dass Gott sie schützen und bewahren würde.

»Herr, ich weiß, dass du auf dem ganzen Weg zu Oma und Opa mit Jeannie und der Kleinen sein wirst. Ich vertraue darauf, Herr, dass du sie auf jedem Kilometer beschützt.« Dann, nach kurzem Zögern, setzte ich hinzu: »Und ich bitte dich, Herr, dass du Engel beauftragst, über Jeannie und Shawna zu wachen und sie zu schützen.«

Jeannie glitt ins Auto, und ich sah zu, wie sie wegfuhr. Als sie das Ende meines kurzen Blockes erreichte, sah ich zu meinem Erstaunen zwei leuchtende, goldene Gestalten auf ihrem Rücksitz. Ich kniff die Augen zusammen und schaute noch einmal hin. Sie waren immer noch da.

Ich lächelte und ging mit leichtem Kopfschütteln ins Haus zurück. Wahrscheinlich bildete ich mir das nur ein. Engel gab es doch in Wirklichkeit gar nicht, oder?

Aber als ich zu Bett ging, schlief ich sofort ein, ohne mir einen weiteren Gedanken um meine Mädchen zu machen. Ich schlief tief und wachte am Samstagmorgen mit einem Gefühl des Friedens auf. Ich staunte darüber, dass ich so schnell und ohne mir irgendwelche Sorgen zu machen eingeschlafen war. Das war sehr untypisch für mich.

Irgendwie wusste ich, dass sie sicher in Oklahoma City im Haus meiner ehemaligen Schwiegereltern angekommen waren. Da sie vermutlich ausschliefen, wollte ich nicht anrufen, um mich zu vergewissern, dass alles in Ordnung war. Aber etwa um acht Uhr klingelte mein Telefon.

Jeannie war am Apparat, um mir zu sagen, dass sie eine gute, ereignislose Fahrt gehabt hatte und zügig vorangekommen war. Sie hielt einen Moment inne und sagte dann: »Und – ich weiß, das klingt verrückt, Mama – aber ich schwöre dir, es ist die Wahrheit. Auf dem ganzen Weg saßen zwei leuchtende, goldene Engel bei mir auf dem Rücksitz. Sie sagten kein einziges Wort. Sie waren einfach da und verschwanden, als ich in Omas Einfahrt einbog.«

Ich hatte mit keinem Wort erwähnt, was ich gesehen hatte, als sie fortfuhr.

An jenem Tag erlebten wir beide, dass es Engel wirklich gibt.

Die Bäume sind wieder real

Joe Murphy

Die Bäume sahen unwirklich aus.

Ich konnte mit den Händen direkt durch sie hindurchgreifen. Sie waren wie Bilder, wie Seifenblasen. So kam die Welt mir vor, als ich neunzehn war, aber ich dachte nicht darüber nach, warum meine Wahrnehmung sich so verändert hatte. Meine Gedanken beschäftigten sich mit anderen Dingen, und ich war in mir selbst gefangen.

Jedes Mal, wenn ich eine Dosis LSD oder eine andere Droge nahm, hatte ich ein schlimmes Erlebnis. Ich machte trotzdem weiter, denn ich wollte über diese »schlechten Trips« hinauskommen und wieder das erleben, was ich für einen besonders reinen Bewusstseinszustand hielt.

Ich dachte, ich hätte Gott erlebt.

Gott war mir sehr wichtig geworden, als mein Versuch, Erfüllung in der Beziehung zu einem Mädchen zu finden, gescheitert war. Ich wusste, dass ich ein tiefes inneres Bedürfnis mit mir herumtrug, und hatte jahrelang versucht, mit den Mädchen, an denen mir etwas lag, eine emotional befriedigende Beziehung aufzubauen.

Die ganze Sache hatte sich total chaotisch entwickelt. Ich hatte Angst, dass meine Freundin, die mir wirklich viel bedeutete, sich von mir trennen würde, wenn wir aufs College gingen. Um mir diesen Kummer zu ersparen, machte ich selbst mit ihr Schluss. Dann wollte ich die Geschichte hinter mir lassen und verdrängte jeden weiteren Gedanken an sie. Am College stürzte ich mich in eine Reihe von Beziehungen, die aus den verschiedensten Gründen bald wieder endeten, ohne dass ich irgendetwas daraus gelernt hätte.

Nach einer besonders frustrierenden Begegnung wandte ich mich innerlich von der Suche nach Liebe ab und kam zu dem Ergebnis, dass ich meine Hoffnungen auf das Falsche richtete.

Was ich wirklich will, ist Gott, und ich suche am verkehrten Ort, dachte ich. Also machte ich mich auf die Suche nach ihm.

Aber Gott zu suchen entwickelte sich als erschreckende Reise. Für ein Referat in Anthropologie recherchierte ich in der endlosen Büchersammlung der *Library of Congress* und stieß auf Berichte von christlichen Mystikern. Ich redete mir ein, dass ich mithilfe von bewusstseinserweiternden Drogen Gott auf dieselbe Weise erfahren konnte wie sie. Also besorgte ich mir das Dreifache der üblichen Dosis LSD und nahm es ein.

Das Ergebnis entsprach genau dem, was ich gelesen hatte: Weißes Licht, das mein Bewusstsein völlig erfüllte. Na also: Gott.

Das Problem war: Wenn die Wirkung der Drogen nachließ, war Gott verschwunden.

Das passt natürlich nicht recht zu einem Wesen, das seiner Definition nach allgegenwärtig ist – aber der Gott, hinter dem ich damals her war, war das definitiv nicht. Der Gott, dem ich nachjagte, war schwer fassbar, aber die Erfahrungen, die er schenkte, waren überaus lohnend. Wenn man die Fähigkeit, die Ausdauer und den festen Willen hatte, sein Bewusstsein zu trainieren – oder die Drogen, die das für einen übernahmen –, konnte man einen göttlichen Bewusstseinszustand erreichen, in dem alle inneren Nöte und Probleme gelöst waren.

Natürlich verlor man auch seine Identität, das Gefühl, ein einzigartiges Wesen zu sein, aber darüber dachte ich damals nicht nach.

Ein sinnvoller Plan schien mir zu sein, *mehr* Drogen zu nehmen und damit zu beginnen, mein Bewusstsein zu trainieren. Die Drogen vermittelten mir ein unmittelbares Hochgefühl, während buddhistische Meditation das Erreichen des Nirwanas nur in Aussicht stellte. Einen Sommer in London lang praktizierte ich beides. Diese Mischung hatte eine Wirkung, die ich nicht erwartet hatte. Um das buddhistische Ziel der Selbstlosigkeit zu erreichen, hatte ich mein langes Haar abgeschnitten, das ich liebte. So kam ich allein und beinahe kahl rasiert in einem fremden Land an – zu einer Zeit, in der die meisten meiner Altersgenossen sehr lange Haare hatten.

Am Ende des Sommers war ich dem normalen Leben entfremdet, einsam und innerlich heimatlos geworden. Meine Freunde auf dem College fanden, dass ich komisch geworden war, und gingen mir aus dem Weg. Meine Drogentrips wurden immer intensiver und beängstigender.

Ein Trip war besonders beunruhigend. Am nächsten Morgen nahm ich eine Ausgabe von Dantes *Inferno,* das ich noch nie gelesen hatte, und entdeckte darin Beschreibungen dessen, was ich in der Nacht zuvor erlebt hatte – einen Drachen, der mit seinem Schwanz anzeigte, zu welch einer Ebene der Hölle ein Mensch verdammt worden war.

Das wirklich Beängstigende war, dass es auch auf mich zutraf, und ich wusste es. Ich sah auf meinen Trips Engel und Dämonen, und als ich die Grenzen meines Bewusstseins erreichte, verloren die Bäume ihren stofflichen Charakter.

Einige Monate später erzählte mir ein Freund von der geistlichen Reise eines anderen gemeinsamen Freundes. »John ist ein Jesus-Freak«, sagte er.

Wir fanden das seltsam, aber interessant, und so beschlossen wir, unseren alten Highschool-Freund zu besuchen und ihn zu foppen, indem wir ihm sagten, Jesus hätte uns geschickt.

John hatte die Schule nie ernst genommen und war ständig in Schwierigkeiten gewesen. Aber als wir an jenem Tag zu ihm gingen, sahen wir auf den ersten Blick, dass er sich verändert hatte. Er strahlte eine ganz unbekannte Ernsthaftigkeit und Nachdenklichkeit aus. Wir verloren sofort die Lust, uns einen Spaß mit ihm zu machen, und stellten ihm zahllose Fragen, denn wir wollten versuchen, ihn von seinem neuen Glauben abzubringen. Die bloße Vorstellung, dass Jesus allein der Weg zu Rettung und ewigem Leben war, erschien uns lächerlich. John zitierte Dinge, die Jesus gesagt hatte, und nachdem wir eine Stunde lang miteinander geredet hatten, trennten wir uns.

Aber ich konnte die Worte von Jesus nicht vergessen, und sie beschäftigten mich. Ich begann das Neue Testament zu lesen. Ich verstand nicht alles, aber das, was ich verstand, beunruhigte mich, denn Jesus sagte Dinge, die nicht in mein Weltbild passten. Die östlichen Religionen und die Mystiker, die behaupteten, dass »alle Wege zu demselben Gott führen«, stellten Gott ganz anders dar.

In der Bibel nahm Jesus für sich in Anspruch, der allein wahre Gott zu sein und der einzige Weg, um Gott kennenzulernen: »Ich bin der Weg und die Wahrheit und das Leben. Niemand kommt zum Vater außer durch mich« (Johannes 14,6). Ich begriff: Wovon Jesus sprach, deckte sich in keiner Weise mit dem, was die Buddhisten und andere behaupteten. Zum ersten Mal sehnte ich mich wirklich nach Gott, denn ich sehnte mich nach Jesus.

Dann geschah etwas, das ich nicht erklären kann. Eines Nachts wachte ich kurz nach dem Einschlafen wieder auf und spürte unglaubliche Turbulenzen und Erschütterungen, als würde ich wie ein Raumschiff durch den Weltraum rasen. Alles war stockdunkel; nur in der Ferne blinkten weiße, gelbe und rote Lichter vor mir auf.

»Wer kann mir helfen?«, schrie ich. Es war meine Stimme, aber sie klang, als würde sie gleichzeitig jemand anderem gehören.

»Jesus«, antwortete eine andere Stimme.

Das Beben hörte auf. Ich spürte, wie ich sanft emporgehoben wurde. Ich war entspannt und das Entsetzen, das ich kurz zuvor verspürt hatte, wich einem Gefühl tiefen Friedens. Dann sah ich, wie ich in den Keller unseres Hauses »eintrat« und dann durch das Erdgeschoss und das erste Stockwerk hinaufstieg und in meinen Körper zurückkehrte, der auf meinem Bett lag.

Ich hörte, wie meine Mutter, die im Nebenzimmer schlief, meinen Namen rief. Ich versuchte zu antworten, aber ich konnte es nicht. Ich brauchte ein bisschen Zeit, um mich wieder an meinen Körper zu gewöhnen. Schließlich war ich wieder bei klarem Bewusstsein.

»Was ist denn?« Ich öffnete den Mund und antwortete meiner Mutter mit hörbarer Stimme. Dann musste ich lachen, denn sie schlief ganz fest! Ich rollte mich auf die Seite, immer noch völlig ruhig, und fiel bald darauf in tiefen Schlaf.

Was genau hatte ich erlebt? Eine außerkörperliche Erfahrung? Einen Traum? Eine Nahtoderfahrung? Einen Flashback von den Drogen?

Wer kann es wissen?

Von da an vertraute ich stärker darauf, dass Jesus wirklich der war, der er zu sein behauptete. Aber mein Leben veränderte sich zunächst nicht.

Ich nahm weiterhin Drogen, und Gott war mir in meinem täglichen Leben nicht bewusster als zuvor. Der Gedanke an Jesus fesselte mich, aber es blieb ein Gedanke, bis ich *Der Idiot* von Fjodor Dostojewski las. Der Prinz in dieser Geschichte ist ein Symbol für Christus, und das Konzept von Schuld und Unschuld, wie es in dieser Geschichte ausgearbeitet wird, half meinem Gedächtnis auf die Sprünge. Als vierjähriger Junge hatte ich in einem Geschäft in meiner Heimatstadt einen Schokoladenlutscher gestohlen. Ich wusste, dass das falsch war – aber als meine Mutter mir sagte, dass ich ihn nicht behalten durfte, und mir dann den Rücken zuwandte, nahm ich ihn doch und versteckte ihn unter dem Autositz.

Während ich mit dem Buch auf meinem Schoß dasaß, wurde mir klar, dass ich ein Sünder war. Es war nicht schlechtes Karma oder sonst irgendetwas. Ich wusste, was richtig und was falsch war, und hatte mich für das Falsche entschieden. Ich allein war verantwortlich für meine Taten.

Als ich Dostojewskis Roman las, begriff ich, wer der Idiot war: ich. Ich hatte im Laufe meines Lebens viele weitere Sünden begangen – ich hatte viele Menschen verletzt und viele Beziehungen zerstört. Aber diese erste Sünde zeigte mir das Prinzip, das auch bei allen anderen zugrunde gelegen hatte.

Ich hatte gedacht, Gott wäre weit weg – eine Kraft oder ein Bewusstseinszustand, den es zu erreichen galt. Aber das stimmt nicht: Er ist eine Person, so wie ich eine Person bin, die nach seinem Bild geschaffen ist. Und seit ich in der Lage gewesen war, mich für oder gegen etwas zu entscheiden, hatte ich ihn beleidigt.

Sobald ich ihm an jenem Abend gestand, dass ich ein Sünder war, und ihn durch Jesus Christus um Vergebung bat, ließ er mich seine Vergebung spüren und schenkte mir ein überwältigendes Bewusstsein seiner Gegenwart.

Ich erfuhr später, dass die Worte, die ich damals gebrauchte, um meine Erfahrung zu beschreiben, dieselben Worte waren, die Jesus benutzte, um die Gegenwart des Heiligen Geistes in uns zu beschreiben: Ströme lebendigen Wassers, die aus unserem Innern fließen (Johannes 7,38).

Gott ist nicht weit weg – ich selbst hatte mich von ihm distanziert. Ich hatte nicht nach ihm gesucht – ich war vor ihm davongelaufen. Jesus ist nicht nur der Weg zurück zum Vater, sondern er hatte mich tatsächlich zu unserem Freund John geschickt! Er hatte mich gefunden.

Am nächsten Morgen war ich ganz und gar ich selbst und doch lebte ich im ständigen Bewusstsein von Gottes Gegenwart. Meine Wahrnehmung hatte sich verändert: Die Welt erschien mir nun wirklich und gut, so wie sie immer gewesen war. Die Bäume waren wieder real.

Gefahr an der Brücke

Patricia L. Stebelton

Ein schneller Blick aus dem Küchenfenster sagte mir, dass es ein bedeckter Tag werden würde, aber das war keine Überraschung. Wir lebten in Michigan, das an drei Seiten von riesigen Wassermassen umgeben ist, den *Great Lakes*.

Ich rief mir in Erinnerung, dass der Wetterdienst für die nächsten paar Tage Sonnenschein vorhergesagt hatte. Der Hauch von herbstlichen Tönen in den Kronen unserer Ahornbäume in Chelsea deutete leise an, in welcher Farbenpracht sie in weniger als zwei Wochen erstrahlen würden. Aber darauf wartete ich nicht – in zwei Tagen wollten mein Mann und ich zur *Upper Peninsula* fahren, der Oberen Halbinsel, die wir Einheimischen »Gottes Land« nennen. Dort würde der Herbst schon in vollem Gange sein, und wir konnten es nicht erwarten, ihn zu genießen.

Ich liebe den Herbst. Er ist meine jährliche Chance, den Schöpfer dieser Welt in Aktion zu sehen, ihn dabei zu beobachten, wie er eine wilde, spektakuläre Landschaft malt, die mir immer wieder den Atem raubt. Da mein Mann das weiß, sorgt er dafür, dass wir jedes Jahr für ein paar Tage in den Norden hinauffahren können, um diesen Anblick zu sehen – immer ein ganz besonderer Höhepunkt des Jahres. Meine Aufregung wuchs von Stunde zu Stunde.

Als wir über die gewaltige *Mackinac Bridge* fuhren, bemerkte ich den starken Wind, der unter uns wehte. Aufgeregt schaute ich auf die Meerenge zwischen der Unteren und Oberen Halbinsel hinunter und genoss es, wie sich der bedeckte blaugraue Himmel in den Wogen spiegelte, wo die stürmischen Wassermassen des *Lake Huron* in wildem Kräftemessen auf den *Lake Michigan* trafen.

Ich blickte hinüber nach *Mackinac Island* und beobachtete, wie die schnellen Fähren mit aufgepeitschter Gischt im Kielwasser Touristen auf die Insel brachten und wie Segelboote mit schwerer Schlagseite vor dem Wind kreuzten. Bald würden die Fähren ihren Dienst einstellen und die viktorianische Insel ihrer einsamen Winterruhe überlassen.

Ich prägte mir den Anblick ein, um mich später in ruhigen Momenten daran zu erinnern. Dann wandte ich den Blick nach vorn, voller Vorfreude auf die wunderbare Landschaft, die uns auf der anderen Seite der Brücke erwarten würde. Auf der Oberen Halbinsel säumten hohe Kiefern den kurvenreichen Highway, der zur *Cut River Bridge* führte, wo die hohen Bergkämme, die sich vom Boden der Kluft erhoben, von einem dichten, prachtvollen Farbteppich bedeckt waren. Die Strahlen der aufgehenden Sonne mischten sich mit der kühlen Morgenluft und hüllten die Hänge in einen sanften Dunst, es war beinahe ein Nebel.

Mein Mann Dick lenkte unseren alten Wagen vor der zweispurigen Brücke von der Straße herunter und parkte. Ich wollte die ganze Pracht dieses Herbsttages im vollen Sonnenlicht genießen und schlug vor, den kurvenreichen Weg hinunterzuwandern, der zum Rand des *Lake Michigan* führte. Ich hoffte, dass der Nebel sich aufgelöst hätte, wenn wir wieder auf dem Gipfel wären.

Der Wanderweg nach unten war wegen der hohen Luftfeuchtigkeit ziemlich schlammig, und der Geruch von verfaulten Pflanzen stach in unseren Nasen, während wir vorsichtig einen Fuß vor den anderen setzten, um nicht auszugleiten und zum Boden der Schlucht zu rutschen.

Während wir uns dem Ende des Weges näherten, hörten wir, wie die Wellen tosten und an den Strand schlugen. Der Wind fuhr durch die Pappeln und brachte um uns herum alle Blätter zum Rascheln. Die Böen bliesen uns die Haare ins Gesicht und in die Augen, während die Gischt einer kalten, launischen Welle unsere Wangen kitzelte. Es war wunderschön!

Die Möwen über uns verlangten kreischend nach Futter, während sie in der Luft über unseren Köpfen mit den Flügeln schlugen. Ich durchsuchte meine Taschen nach den Plastikpackungen mit zerkrümelten Kräckern. Aber als ich zum Himmel aufblickte, verspürte ich ein wachsendes Unbehagen. Der Nebel löste sich nicht auf. Die Wolkendecke schob sich immer dichter zusammen und versprach einen bedeckten, grauen Tag.

Ich wusste, dass die strahlenden Gelb-, Gold- und Rottöne der Ahornbäume ohne die direkte Sonneneinstrahlung trübe sein würden.

Meinem so heiß ersehnten Ferientag fehlte der Glanz, ebenso wie der Landschaft um uns herum. Es war einfach ein Tag wie jeder andere.

Mein Mann und ich gingen Hand in Hand den steilen Pfad zum Gipfel hinauf und blieben ab und zu stehen, um die sanfte Schönheit der Klippen in uns aufzunehmen. Ich seufzte – vielleicht könnte ich nächstes Jahr diesen Ausblick in all seiner glänzenden Pracht genießen.

Wir kletterten in unseren blauen Kleinwagen, legten die Sicherheitsgurte an und schauten vor uns auf die verlassene zweispurige Straße über die Brücke, die teilweise im Nebel lag. Sie würde uns über das Tal des *Cut River* bringen.

Dick drehte den Zündschlüssel, während ich mich auf meinem Sitz wand, um meine Jacke anzuziehen. Es war kühl geworden. Ich dachte kurz an unsere wachsende Familie zu Hause und verspürte plötzlich eine unerwartet heftige Sehnsucht.

Dick verrenkte sich den Hals, um zu prüfen, ob auf der rechten Spur, in die wir uns einfädeln wollten, Fahrzeuge kamen. Die Straße war frei, und er begann Gas zu geben. Dann hielt er abrupt an. Mein Kopf fuhr herum und ich starrte ihn an. Im nächsten Augenblick hörte ich ein zischendes Geräusch, und unser kleiner Wagen wurde von heftigen Vibrationen erschüttert. Ein riesiger Sattelschlepper raste links an uns vorbei und verfehlte uns nur um Haaresbreite. Eine Sekunde später wurden wir von der Sogwirkung erfasst, die von ihm ausging, und der vom Betonboden aufspritzende Sprühnebel hüllte uns ein.

Dick wurde kreidebleich und nahm die Hände vom Lenkrad. Wir zitterten, als wir beide begriffen, wie knapp wir dem Tod entkommen waren.

»Was ist passiert?«, rief ich heiser. Meine Kehle war vor Angst wie ausgetrocknet.

»Ich ... ich wollte gerade losfahren. Mein Fuß stand auf dem Gaspedal – aber ich kam einfach nicht vorwärts! Ich kam nicht vom Fleck!«

Sein Atem ging stoßweise.

»Es war, als würde mich *irgendjemand* zurückhalten!«

Ich starrte ihn immer noch an und versuchte zu begreifen.

»Woher kam denn dieser Lastwagen? Er war auf der falschen Straßenseite – und so schnell!«

Dick fuhr sich mit der Zunge über die Lippen. »Er war nicht da, als ich losfuhr. Das ist doch eine zweispurige Brücke. Ich dachte, ich bräuchte mir keine Gedanken über den Gegenverkehr zu machen, darum habe ich nur auf den Verkehr hinter uns geachtet. Dieser Sattelschlepper muss ein anderes Auto auf der Brücke überholt haben.«

»Ist das erlaubt?«

»Es wäre völlig gleichgültig gewesen, ob das erlaubt ist oder nicht, wenn ich auf die Fahrbahn aufgefahren wäre. Dieser Sattelschlepper wäre frontal auf uns geprallt.« Er sah mich entsetzt an. »Es wäre *nichts*, aber auch gar nichts von uns übrig geblieben.«

Meine Hände zitterten. Es war das erste Mal, dass mir auffiel, wie klein unser Auto war im Vergleich zu dem Lkw, den wir um Haaresbreite verpasst hatten. Wir blieben ein paar Minuten lang reglos sitzen, zu aufgeregt, um weiterzufahren.

»Danke, Jesus«, betete Dick schließlich. Seine Worte waren nur ein leises Flüstern.

Ich wiederholte sein Gebet. Es war auf einmal nicht mehr wichtig, ob die Sonne die Hügelkette auf der anderen Seite der Schlucht beschien. Mein Mann und ich saßen in unserem kleinen Wagen und fühlten uns lebendiger, als wir den ganzen Tag gewesen waren. Es war jemand mit uns im Auto gewesen. Wir hatten nicht den geringsten Zweifel daran, dass Gottes Geist, seine schützende Gegenwart bei uns war. Hatte ein Schutzengel Dick daran gehindert, auf die Autobahn aufzufahren?

Darüber konnten wir nur spekulieren, aber wir wussten genau, dass Gott in irgendeiner Form bei uns gewesen war.

Ein paar Tage später kehrten Dick und ich zu unseren Kindern und unserem Alltagsleben zurück. Wir sahen unsere täglichen Routineaufgaben in neuem Licht und machten Pläne für die Zukunft. Deutlicher als je zuvor war uns bewusst, dass Gott unsere Zukunft lenkt und uns unsere Lebenszeit zumisst. Es ist an uns, so zu leben, dass Gott dadurch geehrt wird. Weder mein Mann noch ich werden es je wieder als selbstverständlich hinnehmen, dass es einen nächsten Tag in unserem Leben gibt.

Soldat des Himmels

Marianna Carpenter Wieck
(nacherzählt von Linda W. Rooks)

Meine Mutter war eine Evangelistin. Achtzehn Jahre lang reiste sie durch unser Land, predigte bei Zeltevangelisationen und gründete neue Gemeinden.

Während sie von Staat zu Staat zog, kündigten die Lokalzeitungen sie als Evangelistin an, die Gott »von der Küche zur Kanzel« berufen hatte. Sie lockte Hunderte von Menschen in ihre Versammlungen. Die Reporter sagten, Mrs A. A. Carpenter predige »vollmächtig« und »überaus gesalbt«. Und sie selbst beschrieben sie als »unerschrocken und dynamisch«.

Allerdings war das Ereignis, das zu ihrer Berufung in den geistlichen Dienst geführt hatte, nicht gerade etwas, das jede Frau gern erlebt hätte.

Ich war ein siebenjähriges Mädchen mit blonden Locken, als all dies geschah. Mein Bruder Wallace war neunzehn. Der Erste Weltkrieg hatte gerade begonnen, und als tüchtiger, tapferer, patriotischer junger Mann meldete sich Wallace freiwillig zum Militärdienst, wie es damals so viele seiner Altersgenossen taten.

Wallace machte sich auf, um Soldat zu werden, aber kurz nachdem er seine Uniform anprobiert hatte, wurde er, ohne an einer einzigen Schlacht teilgenommen zu haben, mit einer anderen Art von Angriff konfrontiert. In Iowa City, Iowa, wo er stationiert war, bekam er eine Lungenentzündung. Nach einer Woche in der Armee starb mein älterer Bruder, ein sympathischer junger Mann, der von den Bürgern seiner Heimatstadt Mount Pleasant, Iowa, so bewundert wurde.

Der Tod ihres Sohnes brach meiner Mutter das Herz. Er war der vollkommene junge Mann gewesen: ein herausragender Student, ein aktives Mitglied der örtlichen Methodistengemeinde, hoch geschätzt in seiner Heimatstadt, und ein überaus aufmerksamer Sohn. Jeden Abend nach dem Essen holte er sein Auto und machte, ehe er seine Verlobte Letha abholte, mit Mutter eine Stadtrundfahrt. Sie fuhren um den Platz, wo ihre Freunde ihr zuwinkten, und dann die Straßen unseres Viertels hinauf und hinunter.

Sie wurde von allen anderen Müttern in Mount Pleasant beneidet – zum Teil, weil sie eines der ersten Autos in der Stadt besaßen, aber hauptsächlich, weil sie einen so liebevollen Sohn hatte. Mutter liebte ihn von ganzem Herzen.

Der Tag, nachdem Wallace gestorben war, war traumatisch für meine Familie. Meine Eltern und Letha waren untröstlich und beschlossen, nach Iowa City zu fahren, wo er gestorben war. Sie kamen spätabends an und nahmen ein Hotel für die Nacht. Mutter und Letha gingen in ihre Zimmer, um sich schlafen zu legen, aber mein Vater wusste, dass er nicht schlafen konnte. Darum beschloss er, für eine Weile allein in einem anderen Raum wach zu bleiben.

Vom Kummer überwältigt, warf sich meine Mutter in jener Nacht in ihrem Bett hin und her, weinte und betete. Plötzlich schaute sie auf und sah Wallace am Fußende ihres Bettes stehen. Er stützte sich auf Jesus und war von einem strahlenden Licht umhüllt.

»Hier drüben ist alles nur Liebe«, sagte er beschwichtigend. »Alles ist Liebe.«

Dann war er verschwunden.

Mutter war tief ergriffen von dem, was sie gesehen hatte, und empfand einen Frieden, den sie nicht erklären konnte. Was bedeutete das? Wie war so etwas möglich? Sollte sie den anderen sagen, was sie erlebt hatte?

Am nächsten Morgen, als Mutter sich mit meinem Vater und Letha zum Frühstück traf, fragte sie sich, ob sie ihnen erzählen sollte, was sie gesehen hatte. Bestimmt würden sie denken, dass sie eine Halluzination gehabt hätte. Während sie um den Frühstückstisch herumsaßen, räusperte sich mein vernünftiger, realistischer, fantasieloser Vater. Dann sagte er bedachtsam, aber mit fester Stimme:

»Ich hatte heute Nacht ein ganz seltsames Erlebnis.«

Während er weitersprach, starrten Mutter und Letha ihn verblüfft an. Auf seine typische, ruhige Art beschrieb er, dass er Wallace gesehen hatte, der sich auf Jesus stützte und sagte: »Hier drüben ist alles nur Liebe. Alles ist Liebe.«

»Aber – ich habe genau dasselbe gesehen!«, rief Mutter.

»Ich auch!«, sagte Letha mit verwundertem Gesichtsausdruck.

Als sie nach Hause kamen, erzählten sie uns anderen diese Geschichte. Es sah so aus, als hätte Gott in seiner Gnade und Liebe Wallace geschickt, damit er seine Lieben tröstete.

Dieses Ereignis führte dazu, dass Mutter in jenem Jahr noch weitere Begegnungen mit dem Herrn hatte und eine enge, lebendige Beziehung zu ihm bekam. Sie wurde von Grund auf verändert und spürte, dass Gott sie dazu berief, eine Evangelistin zu werden. Bald darauf begann sie durchs Land zu reisen. Sie berichtete von ihrem Glauben an Jesus, half bei der Gründung neuer Gemeinden und erzählte immer wieder die Geschichte, wie Wallace nach seinem Tod seinen Eltern und seiner Verlobten erschienen war. Wallace hatte zwar nie als Soldat der amerikanischen Armee gekämpft, aber nun hatte er Seite an Seite mit den Soldaten des Himmels gekämpft und mitgeholfen, dass viele Menschen den Weg zum ewigen Leben fanden.

Ich war damals erst sieben Jahre alt, aber auch mein Leben wurde durch dieses Ereignis verändert. Wann immer ich versucht war zu zweifeln, erinnerte ich mich an diese Geschichte, die ich von drei Menschen gehört hatte, die ich liebte und denen ich vertraute. Mein Glaube wurzelte fest in der Gewissheit, dass der Himmel real ist und dass die Liebe das ist, was am meisten zählt.

Seit ich sieben Jahre alt war, wusste ich, dass Jesus gekommen war, um uns genau dies zu sagen.

Nun, da ich selbst an der Schwelle des Himmels stehe und auf den Tag warte, an dem auch ich in die Ewigkeit eingehe, finde ich Trost in der Verheißung von Gottes allumfassender, ewiger Liebe, die mein Bruder uns vor so langer Zeit aus dem Himmel zugesprochen hat.

Ebenso wie der Apostel Paulus bin ich überzeugt: »Nichts kann uns von seiner Liebe trennen. Weder Tod noch Leben, weder Engel noch Mächte, weder unsere Ängste in der Gegenwart noch unsere Sorgen um die Zukunft, ja nicht einmal die Mächte der Hölle können uns von der Liebe Gottes trennen. Und wären wir hoch über dem Himmel oder befänden uns in den tiefsten Tiefen des Ozeans, nichts und niemand in der ganzen Schöpfung kann uns von der Liebe Gottes trennen, die in Christus Jesus, unserem Herrn, erschienen ist« (Römer 8,38-39).

Der himmlische Chor

Fran Courtney-Smith
(nacherzählt von Pat Stockett Johnston)

»Die Kameraden.«

Der bloße Name löste Entsetzen in den Herzen der Dorfbewohner aus – und in meinem Herzen auch!

Ich war, direkt bevor die Apartheid abgeschafft wurde, Schulschwester im *Arthurseat Nazarene Bible College* in Ost-Transvaal, Südafrika. Ich besuchte die umliegenden Ortschaften und brachte Frauen bei, wie sie für ihre Kinder sorgen, Gärten anlegen und Wasser reinigen konnten, indem sie es durch ein Tuch gossen, um Rückstände zu entfernen, und jedem Liter einen Tropfen Bleichmittel zugaben, um es zu sterilisieren.

Ich liebte mein ausgefülltes Leben. Bis die Kameraden in unsere Welt eindrangen.

Die Kameraden waren junge afrikanische Männer, die sich selbst als Kommunisten betrachteten. Sie gingen durch die Dörfer und stahlen, was immer sie wollten. Sie brannten Häuser nieder. Dann richteten sie ihre Wut gegen die älteren Menschen. Viele wurden, sobald sie sich irgendwelche kleineren Regelwidrigkeiten zuschulden kommen ließen, der Hexerei bezichtigt. Die alten Leute, die so gebrandmarkt waren, wurden zu einem besonders grausamen Tod verurteilt: Man stülpte ihnen Autoreifen über und zündete diese an. Eine schreckliche Art zu sterben!

Alle hatten Angst vor den Kameraden. Dann kündigten sie an, dass sie in dem großen Gottesdienstraum auf dem Gelände der Missionsstation Versammlungen abhalten wollten. Das *Bible College* verweigerte ihnen die Erlaubnis dazu.

Die männlichen Studenten machten sich große Sorgen und begannen, jeden Abend bis spät in die Nacht Gebetsversammlungen abzuhalten. Sie baten den Herrn, sie davor zu bewahren, den Männern helfen zu müssen, die die alten Menschen umbrachten.

In dieser gefährlichen Zeit wiesen mich die Behörden an, einen Koffer zu packen und neben meine Haustür zu stellen, damit ich das Gelände jederzeit verlassen konnte. Ich schickte meine Mitarbeiterinnen nach Hause, da ich glaubte, dass sie außerhalb der Missionsstation sicherer wären. Bald war ich die einzige weiße Person, die sich noch auf dem Gelände befand.

Mein Haus stand auf der Kuppe eines kleinen Hügels. Als ich eines Tages vor meiner Haustür stand, konnte ich auf der Straße unter mir eine Flut von Flüchtlingen sehen. Die Leute trugen Bündel auf dem Rücken, fuhren Eselkarren und alte Lastwagen oder schoben Schubkarren vor sich her. Sie benutzten, was immer dazu geeignet war, ihre Habseligkeiten zu transportieren und vor der Gewalt zu fliehen.

Ich starrte auf meinen hübschen Garten, meine Hühner und meinen Hund und bekam Angst. Was würde damit – und mit mir – passieren, wenn die Kameraden kamen?

»Ich weiß, dass du bei mir bist und mich niemals verlassen wirst«, sagte ich dem Herrn. »Aber ich habe solche Angst. Ich brauche eine Extraportion Kraft und Hilfe von dir, wenn ich das schaffen soll.«

Die Dämmerung kam, und ich ging ins Haus, schloss die Tür und verriegelte sie.

Bald darauf begann mein Hund rastlos auf- und abzugehen. Immer wieder blieb er an der Tür und am Fenster stehen und knurrte. Ich beschloss, meinen Kassettenrekorder anzustellen und ein paar schöne alte Lobpreislieder abzuspielen. Die Musik machte mich furchtbar müde und schien zu bewirken, dass sich jeder Muskel meines erschöpften Körpers entspannte. Ich ging ins Bett.

Etwa um drei Uhr morgens nahm ich im Halbschlaf wahr, wie

mein Hund sich bewegte. Dann stand er auf und sprang direkt auf mein Bett.

Aha. Jetzt kommen die Kameraden, dachte ich. *Ich muss meine Brille aufsetzen, damit ich sehe, was los ist.*

Ich hörte ein Geräusch.

Was in aller Welt ist das? Musik? Nein, das kann nicht sein. Vielleicht kommt es von unten, von der Straße. Ein paar Leute, die nach Hause gehen, nachdem sie ein paar Bier getrunken haben.

Dann wurde mir bewusst: Menschen, die Angst haben, singen nicht. Sie bewegen sich so schnell und lautlos wie möglich. Die Musik wurde lauter. Ich konnte die Worte nicht verstehen, daher wusste ich, dass es nicht die Sprache der Shangaan, Zulu oder Sotho war.

Oh. Vielleicht bringt der Student vom Stamm der Venda den anderen ein Lied in seiner Sprache bei. Oder die männlichen Studenten hatten solch eine gute Gebetsversammlung, dass sie den Mädchen davon erzählen wollen.

Mir wurde schnell klar, dass sie so etwas nicht um drei Uhr morgens tun würden. Also trat ich an mein großes Bürofenster und starrte den prächtigen Vollmond an, der die Landschaft beschien. Jedes Blatt der Bananen- und Avocadobäume glänzte im Mondlicht. Es war so hell, dass ich im Freien eine Zeitung hätte lesen können. Ich konnte keine Menschenseele sehen.

Während dieser ganzen Zeit kam die Musik näher und näher. Es war ein wunderbarer Chor afrikanischer Männerstimmen. Es hörte sich an, als würden die voluminösen Bässe, Baritone und Tenöre ein Lobpreislied in einer mir unbekannten Sprache singen. Ich hatte keine Ahnung, woher die Musik kam.

Ich starrte auf das Gelände vor meinem Fenster. Keine Schatten fielen auf den Weg. In dem Sand, der vom Wind des Vorabends geglättet worden war, zeichneten sich keinerlei Fußspuren ab. Es war kein Mensch zu sehen.

Schließlich bewegte sich die Musik weiter über den Hügel und verklang. Ich schlüpfte zurück unter die Bettdecke und schlief so tief wie schon seit vielen Nächten nicht mehr. Am nächsten Morgen stand ich früh auf und ging zu meinen Nachbarn, die weiter unten an der Straße wohnten. Ihre beiden Kinder saßen in ihren Hochstühlen und frühstückten. Ich fragte Sunny, ob sie gut geschlafen hätte.

»Oh, ich hatte solche Angst, weil alle gesagt haben, die Kameraden würden kommen. Aber dann habe ich die Musik gehört, und da hatte ich keine Angst mehr.«

»Sunny, du konntest die Musik nicht hören. Sie war oben an meinem Haus.«

»Ich weiß nicht, was *du* gehört hast«, sagte sie. »*Ich* habe die Musik vor meinem Schlafzimmer gehört.«

»In welcher Sprache wurden die Lieder gesungen?«, fragte ich.

»Ich weiß nicht«, sagte Sunny.

»Aber du kennst fünf afrikanische Sprachen.«

Sie erwiderte: »Das Einzige, was ich weiß, ist, dass diese Sprache irgendwie etwas ganz Besonderes war.«

»Vielleicht hat der Herr sie uns geschickt, um uns Mut zu machen – was meinst du?«

Sie nickte. »Ja, genau so war es.«

Dann besuchte ich eine Studentin, deren Mann geschäftlich unterwegs war und deren kleine Tochter erkrankt war. »Wie ist es dir letzte Nacht ergangen? Hast du dich gefürchtet ohne deinen Mann?«, fragte ich.

»Ja, ich hatte schreckliche Angst. Aber dann habe ich das Singen gehört.«

»Ich habe es auch gehört. In welcher Sprache haben sie gesungen?«, fragte ich.

»Ja, das ist das Seltsame: Ich kenne eine Reihe Sprachen, aber diese Sprache hatte irgendwie etwas ganz Besonderes.«

»Nun ja – der Herr hat uns etwas ganz Besonderes geschenkt, um uns Mut zu machen, nicht wahr?«

Sie nickte.

Als ich nach Hause kam, waren meine beiden Mitarbeiterinnen zurückgekehrt. Sie hatten den Eindruck gehabt, dass die Situation sich so weit beruhigt hatte, dass sie wieder zur Arbeit kommen konnten. Während ich Frühstück machte und Tee kochte, erzählte ich den beiden von der Musik, die ich in der Nacht gehört hatte. Sie begannen auf- und abzuspringen, zu weinen und in die Hände zu klatschen.

»Was ist denn los?«, fragte ich.

»Oh, der Herr hat dich beschützt!«

»Das weiß ich. Aber wer hat gesungen?«

Esther, meine wunderbare Fahrerin und Haushaltshilfe, sagte: »Gib mir deine Bibel.«

Ich langte über den Tisch und legte meine Shangaan-Bibel in ihre Hand.

»Nein, nein. Ich brauche die Bibel in deiner Muttersprache.«

Ich ging ins Schlafzimmer und holte meine englische Bibel. Sie schlug Psalm 91 auf und las: »Denn er befiehlt seinen Engeln, dich zu beschützen, wo immer du gehst« (Vers 11).

Sie starrte mich an. »Glaubst du, was in der Bibel steht?«

»Ja, natürlich. Aber wer hat gesungen?«

Sie stemmte die Hände in die Hüften und sah mich an, wie eine Mutter ein Kind anschaut, das etwas schwer von Begriff ist. »Diesmal hast du die Engel *gehört*, das ist alles.«

Ich wusste keine andere Antwort. Diese Musik klang eine ganze Woche lang in meinem Herzen nach. Ich erinnere mich nicht mehr an die Melodie, aber ich bin mir ziemlich sicher, dass ich eines Tages im Himmel dieses Lobpreislied gemeinsam mit allen afrikanischen Christen singen werde.

Die Stimme des Lügners

Jessica Talbot

Bis zu dem Tag, an dem ich in der Innenstadt Vancouvers von einem Gehweg hinunter und in den Weg eines herankommenden Busses trat, war ich noch nie mit Gottes übernatürlicher Macht in Berührung gekommen.

Dieser letzte Schritt auf den Tod zu war der Höhepunkt einer Folge von Ereignissen, die einen Monat zuvor in dreizehntausend Kilometer Entfernung in Australien begonnen hatte.

Mein Ehemann Kyle und ich hatten Kanada vier Jahre zuvor mit unserem zwölf Meter langen Segelboot verlassen und waren durch den Südpazifik nach Neuseeland und weiter nach Australien gefahren. Aber dort fand unser Segelabenteuer ein jähes Ende.

In einer Märznacht gerieten wir in der Bass-Straße im Süden Australiens in einen Sturm, und kurz nach 23 Uhr wurde unsere Yacht von einer Monsterwelle erfasst. Innerhalb weniger Sekunden war Kyle an Kopf, Rippen, Nieren und Rücken verletzt. Er konnte sich nicht mehr bewegen, und das Boot war schwer beschädigt.

Ich stand inmitten dieses Chaos in der Kajüte, und mir war vollkommen bewusst, dass wir jeden Moment sinken konnten. Der Mast war gebrochen und stand in Gefahr, als Rammbock zu wirken, der weitere Zerstörung anrichtete. Ich empfand eine gespenstische Leere um mich herum. Eine innere Stimme flüsterte mir zu: *Du bist jetzt ganz allein. Gott ist nicht da. Er hat dich im Stich gelassen.*

Nach dem Unglück befand ich mich in einem Schockzustand und kam gar nicht auf die Idee, dass diese Zweifel das Werk des geistlichen Feindes waren.

Bevor die Welle uns erfasste, hatte ich zwanzig endlose Stunden lang gebetet, dass Gott uns aus diesem Sturm rettete.

Warum weiterbeten? Mach dich an die Arbeit!, sagte die unbarmherzige Stimme.

Also richtete ich meine gesamte Aufmerksamkeit auf Kyle, der mit starken Schmerzen auf dem Boden der Kajüte lag, und gab jede Hoffnung auf ein Eingreifen Gottes auf.

Am nächsten Morgen schaffte Kyle es kaum, zu unserem Funkgerät zu kriechen.

»Wir brauchen Hilfe«, flüsterte er. Jedes Wort kostete ihn ungeheure Anstrengung. Während der Sturm mit unveränderter Kraft weitertobte, arbeiteten wir im Schneckentempo daran, im Innern der Yacht eine Antenne zu installieren.

»*Mayday, Mayday, Mayday*«, keuchte Kyle schließlich ins Mikrofon. Zu unserer Erleichterung bekamen wir sofort Antwort von einem anderen Funker, und innerhalb von zwei Stunden kam ein Seenotrettungsflugzeug, das uns an Land brachte und Kyle ins Krankenhaus flog.

Nachdem er aus dem Krankenhaus entlassen war, kehrten wir mithilfe von Freunden nach Sydney zurück, und erst dann erinnerte ich mich, dass unser Besuchervisum innerhalb weniger Tage ablaufen würde.

Als ich der Einwanderungsbehörde unsere missliche Lage erklärte, war ich entsetzt über die bürokratische Reaktion des Beamten. »Sie müssen das Land verlassen, um Ihr Visum zu erneuern«, sagte er in mitleidlosem Ton. »Ihr Mann kann bleiben, weil er verletzt ist, aber Sie müssen gehen.«

Zwei Tage später flog ich zurück nach Vancouver, während Kyle auf unserer zerstörten Yacht allein zurückblieb.

Am Flughafen winkte ich meiner Mutter und meiner Schwester, die in der Menge standen, um mich zu begrüßen, enthusiastisch zu. Wir fielen uns in die Arme und machten uns auf den Weg zum Auto, um nach Hause zu fahren. Meine Eltern waren beide gesundheitlich angeschlagen und waren, kurz nachdem Kyle und ich Kanada verlassen hatten, zu meiner Schwester gezogen.

»Ich möchte dir etwas erzählen«, sagte meine Schwester und zog mich auf die Seite. »Hier hat ein Mann aus Australien angerufen und gesagt, er hätte im Radio gehört, dass ihr auf See in einen Sturm geraten wärt und vermisst würdet. Und dass ihr wahrscheinlich tot wärt. Ich war froh, dass Mutter den Anruf nicht entgegengenommen hat – bei ihrem schwachen Herzen hätte sie das wahrscheinlich umgebracht. Ich habe ihr nie von dem Anruf erzählt. Und ich habe auch nicht geglaubt, dass das stimmt.«

»Wie kann das sein?«, fragte ich. »Niemand hat irgendetwas von uns gewusst, bevor wir den Notruf abgesetzt haben! Wie konnten die Medien uns da als vermisst melden?«

»Ich weiß es nicht«, antwortete sie. »Er hat gesagt, er wollte es uns nur wissen lassen.«

Ich musste an die seltsame Leere denken, die ich direkt nach dem Unglück empfunden hatte, und es kam mir vor, als würde das gleiche Gefühl mich von Neuem überwältigen. *Warum sollte jemand unserer Familie weismachen wollen, dass wir wahrscheinlich tot waren?*

Zum ersten Mal seit dem Unfall fragte ich mich, ob es vielleicht irgendeine geistliche Macht gab, die uns beiden schaden wollte.

Während der Fahrt zum Haus meiner Schwester begann ich mich zu entspannen und bemerkte: »Es ist ein seltsames Gefühl, nach dieser langen Zeit wieder auf der rechten Straßenseite zu fahren. Bis ich mich daran gewöhnt habe, muss ich im Verkehr vorsichtig sein!«

Kurz nachdem ich im Haus meiner Schwester eingezogen war, beantragte ich ein Visum, um nach Australien zurückkehren zu können. Etwa zehn Tage später kam ein Brief, den ich aufgeregt öffnete. Ich vermisste Kyle und konnte es nicht erwarten, zu ihm zurückzugelangen.

Als ich den Brief überflog, konnte ich es nicht fassen: Mein Antrag wurde abgelehnt. In dem Schreiben hieß es, ich müsste mindestens ein Jahr warten, bevor ein neuer Antrag Aussicht auf Erfolg hätte.

Ich rief Kyle an und jammerte. »Das ist doch Wahnsinn. Ich habe ihnen erklärt, dass du mit dem Boot immer noch in Australien bist! Aber sie lassen mich nicht wieder ins Land. Was sollen wir machen?« Ich begann zu weinen.

»Mach dir keine Sorgen«, tröstete mich Kyle. »Ich nehme mir einen Anwalt und versuche, die Sache von hier aus zu regeln.«

Nachdem wir aufgelegt hatten, wollte ich beten, aber dieselbe innere Stimme, die ich während der Sturmnacht gehört hatte, sagte: *Du brauchst Gott nicht um Hilfe zu bitten – er wird dich sowieso nicht hören!*

Ich glaubte der Stimme.

Da ich nicht im Haus meiner Schwester hocken bleiben und Trübsal blasen wollte, beschloss ich, nach Vancouver zu fahren, um zu schauen, was sich verändert hatte, seit wir abgereist waren.

»Es ist jetzt ganz anders dort«, sagte meine Schwester. »Sie haben eine Fußgängerzone angelegt, und in dem Gebiet dürfen jetzt nur noch Busse und Taxis fahren.«

Ein bisschen Sightseeing schien genau das Richtige zu sein, um meine Stimmung aufzubessern. Ich musste eine Stunde mit dem Bus fahren, um ins Stadtzentrum zu gelangen, aber die Fahrt lohnte sich.

»Wie schön es hier ist«, sagte ich auf der Straße zu einer Fremden neben mir, während ich den Anblick genoss. Sie lächelte und nickte, entfernte sich jedoch schnell.

Die Stunden vergingen wie im Flug.

Es reicht gerade noch, um einen Kaffee zu trinken, bevor ich zurück muss, dachte ich, als ich auf die Uhr sah. Direkt gegenüber auf der anderen Straßenseite befand sich ein Café, und nachdem ich sorgfältig überprüft hatte, dass kein Fahrzeug kam, trat ich vom Gehweg hinunter auf die Straße.

Als es schon zu spät war, um umzukehren, sah ich den riesigen Bus auf mich zurasen.

Im Bruchteil einer Sekunde wurde mir klar: Ich hatte in die falsche Richtung geschaut, als ich nach herannahenden Autos Ausschau hielt, und im nächsten Augenblick würde ich wegen dieses Fehlers sterben. Der Bus war schon so nah, dass mir nicht einmal mehr Zeit zum Beten blieb.

Plötzlich schlug mir ein unglaublich heftiger Wind entgegen, und ich spürte, wie sich unsichtbare Hände auf meine Schultern legten, mich zurück auf den Gehweg schoben und dort absetzten, bis ich mein Gleichgewicht wiedergefunden hatte und der Bus vorbeigefahren war.

Der Wind hörte sofort auf. Ich schaute mich um.

Niemand schien etwas bemerkt zu haben. Die Blätter an den Bäumen regten sich nicht, und nichts deutete darauf hin, dass es einen plötzlichen Windstoß gegeben hatte. Keiner der Fußgänger hatte eine zerzauste Frisur.

Ich erschauerte. Ich wusste, dass Gott einen Engel geschickt hatte, um mein Leben zu bewahren. Ich zitterte am ganzen Leib, als mir klar wurde, wie nah ich dem Tod gekommen war und dass ich gestorben wäre, ohne Frieden mit Gott zu haben.

Auf einmal verspürte ich eine große innere Klarheit. Ich begriff, dass die Stimme, die mich von Gott weggelockt und seit jener Sturmnacht am Beten gehindert hatte, einem dämonischen Feind meiner Seele gehörte. Er war zu einem Zeitpunkt gekommen, als ich schwach war, und hatte mir Lügen eingeflüstert. Und dieser Dämon griff nicht nur mich an, er wollte auch meiner Familie Schaden zufügen.

Ich wurde von einer überwältigenden Welle der Dankbarkeit ergriffen. Ich dankte Gott immer wieder für unser Leben – dafür, dass er mich bewahrt hatte, dass er Kyle gerettet und meine Familie erhalten hatte!

Gott hatte tatsächlich jedes meiner Gebete erhört. Aber ich hatte es nicht glauben können, weil unser Boot Schaden genommen hatte und weil Kyle verletzt war. Ich hatte zugelassen, dass ich mich von Gott entfernte.

Als ich noch einmal über unsere Rettung und die nachfolgenden Ereignisse nachdachte, sah ich deutlich, wie liebevoll Gott für uns gesorgt hatte. Von diesem Moment an hörten die bösen Einflüsterungen auf. Der Feind hatte die Macht über meine Gedanken verloren. Ich spürte, wie mein liebender Vater mich in die Arme nahm und mir vergab.

Während ich mich in den Straßen von Vancouver über meine neu gewonnene Gemeinschaft mit Gott freute, bemühte sich Kyle mit Erfolg um ein Visum für mich, damit ich bald nach Australien zurückkehren konnte. Tief in meinem Herzen wusste ich, dass Gott auch bei diesem Prozess alles unter Kontrolle hatte und dass er ganz nah bei uns sein würde, wenn Kyle und ich endlich wieder zusammen waren.

Bitte nicht rauchen

Liz Collard

Es stand außer Frage: Ich war vom Rauchen abhängig.

Ich hatte seit mehr als fünfunddreißig Jahren geraucht. Meine erste Handlung an jedem Morgen war, eine Zigarette zu rauchen. Meine letzte Handlung an jeden Abend war, eine Zigarette zu rauchen. Zwischendurch rauchte ich, nachdem ich gegessen hatte, während ich telefonierte, wenn ich ins Auto stieg und bevor ich irgendwohin aufbrach – Tag für Tag, mein ganzes Leben lang, rauchte ich zu beinahe jedem Zeitpunkt.

Mein Vater rauchte, während ich aufwuchs, und meine beiden Schwestern und ich probierten das Rauchen bereits als Teenager aus. Ich fragte mich oft, warum ich die Einzige war, die sofort abhängig wurde.

Tonis kurze Bekanntschaft mit Tabakwaren war beinahe komisch. Wir wussten immer, wenn sie geraucht hatte, weil sie dann mit einem grünlichen Schimmer im Gesicht nach Hause kam und den Rest des Tages im oberen Badezimmer verbrachte. Nach kurzer Zeit gab sie es auf.

Wendi ging mit dem Rauchen um wie mit allem in ihrem Leben. Sie hatte es im Griff und ließ nicht zu, dass es *sie* im Griff hatte. Sie rauchte hauptsächlich in Gesellschaft, und es fiel ihr leicht, damit aufzuhören, wenn sie es wollte.

Ich war weniger gut dran. Ich habe nie Amphetamine probiert und war auch nicht colasüchtig, aber ich habe gelesen, wie schnell man davon abhängig werden kann. Mir ging es so mit den Zigaretten. Nachdem ich im Alter von dreizehn Jahren damit angefangen hatte, kam ich nicht mehr davon los.

Ich heiratete einen Mann, der ebenfalls Raucher war. Das Rauchen war inzwischen ein so fester Bestandteil meines Lebens geworden, dass ich kaum noch darüber nachdachte. Ich betrachtete es nicht als Problem – bis unser erstes Kind geboren wurde. Zu diesem Zeitpunkt begannen drei Dinge meine Einstellung zum Rauchen zu verändern:

Unser Sohn Matthew wurde in den frühen 1980er-Jahren geboren, als das Rauchen in der Öffentlichkeit immer häufiger verboten wurde. Die öffentliche Meinung veränderte sich, und im Laufe der folgenden Jahre erlebten wir, dass das Rauchen in unserer Gesellschaft immer stärker geächtet wurde. Ich weiß nicht mehr genau, wann ich zum ersten Mal bemerkte, dass die Leute auf Raucher herabzusehen begannen. Aber mit der Zeit fiel es mir immer deutlicher auf, und ich fing an, meine Gewohnheit mehr und mehr zu verheimlichen.

Etwa zu diesem Zeitpunkt wurde bekannt, dass auch das Passivrauchen mit Risiken verbunden war. Mein Mann und ich beschlossen, nicht länger im Haus zu rauchen. Wir leben in Florida, sodass mir die Qual erspart blieb, schnell ein paar Züge zu machen, während ich bei Minusgraden im Freien zitterte – außer, wenn wir unsere Verwandten im Norden besuchten. Aber ich konnte nicht länger zur Zigarette greifen, wann und wo ich wollte. Rauchen war ein Problem geworden, und ich begann mir zu wünschen, ich könnte es aufgeben.

Der dritte Punkt war, dass ich, als Matthew im Krabbelalter war, mein Leben von Neuem Jesus anvertraute. Ich hatte Jesus als Erretter angenommen, als ich in der Grundschule war, aber während meiner Teenagerjahre hatte ich mich von ihm abgewendet. Meine neue Rolle als Ehefrau und Mutter motivierte mich dazu, meine Beziehung zu Gott zu erneuern.

Ich begann zur Kirche zu gehen, und glücklicherweise kam mein Mann bald mit. Er wurde Christ und wir ließen uns gemeinsam taufen. Wir schlossen uns einem Hauskreis an und besuchten die Bibelstunde. Ich wurde Mitglied im Chor und engagierte mich in der Frauenarbeit.

Aber ich hörte nicht auf zu rauchen. Ich versuchte noch nicht einmal, es zu reduzieren. Der einzige Unterschied war, dass ich mich jetzt deswegen schuldig fühlte. Ich musste diese Sünde vor allen verheimlichen. Ich rauchte immer noch im Auto, bevor wir auf den Parkplatz der Kirche einbogen, aber ich achtete darauf, den Rauch aus dem Fenster zu blasen, damit man ihn nicht an mir roch, wenn ich das Gemeindegebäude betrat.

Während der nächsten zwanzig Jahre kämpfte ich mit meiner Sucht. Ich kannte die Gründe, aus denen ich aufhören sollte, und wusste, welche Gefahren das Rauchen für meine Kinder und mich mit sich brachte.

Dennoch hörte ich auch während meiner nächsten beiden Schwangerschaften nicht auf. Wir gingen ins Freie, wenn wir zu Hause rauchten, aber ich rauchte weiterhin im Auto. Auch wenn ich es nicht zugeben wollte, waren meine Kinder oft zum Passivrauchen gezwungen.

Was mich selbst betraf, argumentierte ich, dass mein Vater bedeutend länger geraucht hatte als ich und dass es ihm immer noch gut ging. Und er rauchte Zigaretten *ohne Filter*. Leider starb er jedoch im Alter von nur dreiundsechzig Jahren an einem Herzleiden.

Ich konnte die gesundheitlichen Risiken wegdiskutieren, aber die geistliche Dimension meiner Abhängigkeit begann mich mehr und mehr zu stören. Ich schämte mich, eine Raucherin zu sein, und fühlte mich wie eine Heuchlerin, weil ich mich eine Christin nannte und gleichzeitig jeden Tag eine Schachtel Zigaretten brauchte. Je reifer ich geistlich wurde, desto klarer wurde mir, dass es sich bei dieser Sucht um ein Bollwerk Satans in meinem Leben handelte.

Mein Verlangen zu rauchen beherrschte mich. Ich plante mein Leben um die Sucht herum. Ich musste immer sicherstellen, dass ich genügend Zigaretten bei mir hatte. Wenn ich den Eindruck hatte, das sei nicht der Fall, geriet ich in Panik. Ich fuhr oft noch spätabends zum Supermarkt, damit ich eine Schachtel im Haus hatte, wenn ich wach wurde. Ich konnte nicht an irgendeiner Veranstaltung teilnehmen, die länger als ein paar Stunden dauerte, wenn ich dort keine Möglichkeit hatte zu rauchen. Mehrtägige Unternehmungen – wie eine Missionsreise oder eine Wochenendfreizeit – waren von vornherein ausgeschlossen.

Ich vermutete, dass meine Sucht meine Beziehung zu Jesus in vieler Hinsicht beeinträchtigte. Ich hatte das Gefühl, dass ich in ganz neue Bereiche vordringen könnte, wenn ich nur von der Bindung an die Zigaretten frei würde.

Es gab allerdings ein großes Problem: Ich *wollte* nicht aufhören. Ich genoss es zu rauchen, und trotz all der Gründe, die dafür sprachen, es aufzugeben, hatte ich nicht die Absicht, es tatsächlich zu tun.

Ab und zu betete ich: »Herr, schenk mir das Verlangen, aufzuhören!« Aber meistens rauchte ich dann einfach weiter.

Zu diesem Zeitpunkt waren mein Mann und ich in der Gemeinde für die Arbeit mit Ehepaaren zuständig. Über vier Jahre lang standen wir jeden Dienstagabend vor Hunderten von Ehepaaren und ermutigten sie, Gott in allem, was sie in ihrer Ehe und in ihrem Leben brauchten, zu vertrauen. Dann verließen wir das Gebäude und zündeten uns, sobald wir im Auto saßen, eine Zigarette an.

Im Herbst 2009 arbeitete ich am dritten und letzten Teil eines Lehrplans für den Ehepaar-Dienst, und ich befand mich auf einem geistlichen Höhenflug. Es schien, als würde Gott mir jeden Tag neue Wahrheiten offenbaren, und ich fühlte mich unbesiegbar – so als könnte mir nichts die wunderbare Gemeinschaft nehmen, die ich jeden Augenblick mit ihm genoss.

Die Lektionen, die ich für den Lehrplan bearbeitet hatte, öffneten mir in vieler Hinsicht die Augen dafür, wer wir in Christus sind. Ich begann ganz neu zu begreifen, was uns als Kindern des Königs und Miterben Christi rechtmäßig zusteht. Meine Gebete waren so ernsthaft wie nie zuvor, und mehrere Tage lang betete ich jeden Morgen zwei Stunden oder länger.

Nachdem mein Mann und meine Kinder am 5. November zur Arbeit bzw. zur Schule aufgebrochen waren, ging ich mit meiner Bibel, meinem Gebetsbuch und meinen Zigaretten zu der Bank in unserem Garten, wo ich immer saß. Automatisch griffen meine Hände nach der Zigarettenschachtel und dem Feuerzeug, und ich zündete meine erste Zigarette an diesem Morgen an. Ich sog den Rauch ein, behielt ihn ein paar Sekunden lang in meinen Lungen und blies ihn dann aus, wobei ich die kurze Benommenheit genoss, als das Nikotin in meinen Körper gelangte.

Ich hob die Zigarette, um einen weiteren Zug zu nehmen, als es mich wie ein Blitz aus heiterem Himmel traf.

Wenn ich wirklich daran glaube, dass Gott alles tun kann, warum rauche ich dann noch?

Mein nächster Gedanke war ein fast automatisch gesprochenes Gebet: *Gott, befreie mich vom Rauchen.*

Es kam so unbeabsichtigt, dass ich keinen Moment innehielt, um darüber nachzudenken, was ich gerade tat. Ich nahm die Zigarette in den Mund und inhalierte von Neuem.

Aber diesmal geschah etwas Seltsames, als ich den Rauch ausatmen wollte. Statt der üblichen weißen Rauchschwaden sah ich zu meinem Entsetzen, wie halb durchsichtige, pechschwarze Wolken aus meinem Mund kamen. Sie stiegen langsam auf und trieben im Zeitlupentempo davon, auch als ich versuchte, stärker zu blasen.

Bestimmt hatte ich mir das nur eingebildet. Ich nahm einen weiteren Zug. Ich wollte den Rauch wie gewohnt ausblasen, aber es passierte wieder dasselbe.

Ich konnte immer noch nicht glauben, was ich da sah. Um ganz sicherzugehen, inhalierte ich ein drittes Mal. Wieder quollen die schwarzen Wolken aus meinem Mund. Ich beugte mich vor und drückte die Zigarette im Gras vor meinen Füßen aus.

Es war die Letzte, die ich je geraucht habe.

Mein Verlangen zu rauchen war verschwunden. Ich hatte keine körperlichen Entzugserscheinungen und musste keine Kämpfe durchstehen, um die Sucht zu überwinden.

Während der nächsten Tage und Wochen gab es Zeiten, in denen ich versucht wurde. Aber dann sagte ich mir selbst: *Gott hat mich vom Rauchen befreit. Ich bin frei von dieser Sucht und werde mich ihr nicht mehr unterwerfen.* Dann ging das Verlangen schnell vorbei. Solche Momente kamen immer seltener, und bald erlebte ich sie überhaupt nicht mehr.

Gott sei Dank, ich war frei.

Die meisten Menschen würden mir zustimmen, dass solch eine plötzliche Befreiung nach fünfunddreißig Jahren Abhängigkeit ein Wunder ist, aber damit ist die Geschichte nicht zu Ende.

Kaum zwei Wochen nach meinem Erlebnis im Garten brach meine gesamte Welt zusammen. Es hatte Probleme in unserem Leben gegeben, aber ich hatte mich nicht wirklich um sie gekümmert. Nun blieb mir nichts anderes übrig. Von einem Moment zum nächsten war ich finanziell ruiniert, mein Mann kam ins Krankenhaus, man nahm uns unseren Dienst in der Gemeinde, und viele Freunde wandten sich von uns ab. Ich verlor fast alles, was mir in meinem Leben Trost und Sicherheit verliehen hatte.

Aber obwohl all dies über mich hereinbrach, fing ich nicht wieder an zu rauchen.

Und was noch wichtiger ist: Während dieser verheerenden Zeit, als ich oft keine Ahnung hatte, wo wir unsere nächste Mahlzeit hernehmen sollten oder wie wir den Rest des Tages durchstehen würden, verzweifelte ich nie.

Ich konnte mich an niemanden wenden als an Gott. Aber er hatte mich vom Rauchen befreit. Und ich wusste, dass er es getan hatte, um mir die Kraft, den Glauben und das unerschütterliche Vertrauen zu schenken, das ich brauchte, um all das durchzustehen, was mir nun bevorstand. Ich dachte immer wieder: *Er hat mich von dieser Sucht befreit. Er wird ganz bestimmt für uns sorgen.*

Und er tat es.

Vor einiger Zeit konnte ich mein einjähriges Jubiläum als Nichtraucherin feiern. Seit jenem Tag habe ich Gott viele Wunder tun sehen. Er hat für uns gesorgt und vieles so wunderbar geführt, wie ich es mir nie erträumt hätte.

Und ich kann aus tiefster Überzeugung sagen: »Der Herr ist mein Fels, meine Burg und mein Retter« (Psalm 18,3).

Als die Zeit stillstand

Craig Cornelius (nacherzählt von Billy Burch)

Der letzte Ort, an dem ich sein wollte, war ein Krankenzimmer. Alle Krankenzimmer schienen gleich zu sein – cremefarbene Wände, Fußbodenleisten aus Plastik, Griffe aus Edelstahl, der Geruch nach Desinfektionsmitteln und ein Gefühl der Unsicherheit.

Aber ich war hier, weil ein Rettungswagen mich hergebracht hatte, das konnte ich nicht leugnen. Ich bekam alle Aufmerksamkeit, die ein Patient sich nur wünschen konnte, aber in Wirklichkeit hielt ich das alles nicht für nötig.

Zugegeben, ich war einige Stunden zuvor ohnmächtig geworden. Keine große Sache. Ich hatte in der letzten Zeit viel Stress gehabt, deshalb war es kein Wunder, dass ich wegen eines Nervenzusammenbruchs oder so etwas ein paar Sekunden lang bewusstlos gewesen war. Stress lässt sich nicht allzu lange verbergen oder verdrängen – er fordert irgendwann seinen Tribut, so viel war mir klar.

Das Kopfteil meines Bettes war hochgestellt, sodass mein Oberkörper in einem 45-Grad-Winkel aufgerichtet war. Meine Frau und meine Kinder standen um mich herum, während die Ärzte darüber diskutierten, ob sie mich entlassen sollten. Alle Testergebnisse deuteten darauf hin, dass ich gehen konnte. Ich wäre bereits weg gewesen, wenn nicht einer der Ärzte dringend geraten hätte, mich dazubehalten und weitere Untersuchungen durchzuführen. Aber ich hatte an jenem Abend einen Jagdtermin und wollte weg. Schnell.

Nach dem Mittagessen schob ich das Tablett beiseite. Ich empfand plötzlich ein taubes Gefühl, das langsam meinen Kopf hinaufkroch. Ich schaute meine Söhne an, streckte meine Arme nach ihnen aus und bat meine Frau, die Schwester zu rufen.

Plötzlich rutschten meine Augäpfel nach hinten, und ich sank auf mein Kopfkissen. Der Herzmonitor zeigte eine flache Linie an. Mein Herz stand still. Ich verlor jede Verbindung zu dieser Welt.

Meine Reise in das Reich des Todes hatte eigentlich schon eines Nachts vor einigen Monaten begonnen. Ich weiß noch, dass ich an einem Computer saß und Jeans und ein braunes T-Shirt trug, die Kleidung, die ich an diesem Tag zum Arbeiten angehabt hatte.

In jenem Moment hatte ich nur ein Ziel: einen neuen Motor für mein Boot zu finden. Kurz zuvor hatte ich noch mit meinen Eltern telefoniert, ihnen für die Reise, die sie gerade machten, alles Gute gewünscht und meiner Mutter zu ihrem siebzigsten Geburtstag gratuliert.

Zwanzig Minuten später klingelte das Telefon von Neuem. Meine Frau Debbie nahm ab, und ich merkte gleich, dass es wieder meine Mutter war.

»Hallo Mama. Habt ihr eine gute Reise? Alles okay bei euch?«

Debbie lächelte mir zu, aber ihr Lächeln verwandelte sich schnell in Entsetzen. »Was?«, keuchte sie. »In welches Krankenhaus bringen sie ihn?«

Debbie legte die Hand auf den Hörer und sah mich an. »Craig, dein Vater hatte gerade einen Herzinfarkt!«

Wir packten unsere Taschen und fuhren, so schnell wir konnten, nach Annapolis im Anne Arundel County, Maryland.

Im Krankenhaus wurden wir von einer Schwester begrüßt. Es war unnötig, irgendetwas zu sagen. Mutter kam uns schon im Flur entgegen. »Sie haben alles versucht, aber er hat es nicht geschafft«, sagte sie leise.

Nein, das konnte nicht wahr sein. Mein Vater, mein Jagdpartner seit zweiunddreißig Jahren, der beste Vater der Welt.

Sagt mir, dass das ein böser Traum ist. Bitte.

Wie Gott es schon für so viele getan hat, schickte er mir ein Gefühl der Betäubung. Göttliches Novokain. Einen lindernden Balsam, um den Schlag zu dämpfen. Wie auch immer Sie es nennen möchten, es half mir, die Beerdigung und die darauffolgenden Wochen zu überstehen. Aber wie bei allen Schmerzmitteln ließ die Wirkung mit der Zeit nach, und der Schmerz, die Niedergeschlagenheit und die unbeantworteten Fragen, die bis dahin unterdrückt worden waren, traten mit ganzer Wucht zutage.

Niemand kommt leicht über ein so schreckliches Ereignis hinweg. Mein Kopf fühlte sich völlig vernebelt an, und ich verlor immer mehr die Orientierung. Mein emotionaler Tank war leer, und ich trieb haltlos auf dem dunklen Meer meiner unbeantworteten Fragen.

Warum jetzt? Ich konnte es einfach nicht fassen.

Wo ist Gott bei alledem?, fragte ich mich verzweifelt. *Hört er mich? Hört er meine Gebete?*

Gibt es überhaupt einen Himmel? Und kann ich sicher sein, dass Papa dort ist? Meine Gedanken verwirrten mich.

Wissen Sie, ich wuchs in einem christlichen Elternhaus auf und kannte die Antworten. Mein Vater und meine Gemeinde hatten mir alles beigebracht. Ich hätte ohne den Schatten eines Zweifels wissen müssen, dass Papa bei Gott war. Aber der Zweifel hatte sich eingeschlichen, und ich hatte mich selbst verloren und wusste nicht, wie ich wieder zu mir und zur sogenannten Realität zurückfinden konnte.

Schließlich begann ich wieder zu arbeiten. Die Leute hatten mir gesagt, dass es gut wäre, weiterzumachen und an die Zukunft zu denken. Ich war mir da nicht so sicher, aber mir fiel auch nichts Besseres ein. So hatte ich mir vorgenommen, Ende der Woche mit ein paar Freunden auf die Jagd zu gehen. Es war mir klar, dass mir das ohne meinen Vater sehr schwerfallen würde. Aber ich wusste, es würde mir helfen, ein wenig innere Ruhe zu finden – und das brauchte ich dringend. Ich musste nur noch einen weiteren Arbeitstag hinter mich bringen, und am Abend konnte ich mich auf den Weg zur Jagdhütte machen.

Der Morgen verlief vollkommen normal. Ich fühlte mich großartig. Ich freute mich auf den Feierabend und darauf, mich ins Auto zu setzen, loszufahren und in der Hütte meine Kameraden zu treffen.

Bei der Arbeit musste ich gemeinsam mit meinem Chef John eine Baustelle besichtigen. Normalerweise machte ich das allein. Aber John hatte alle Unterlagen und kannte jedes Detail, darum wollte ich ihn unbedingt dabeihaben. Zuerst wehrte er sich ziemlich heftig dagegen, aber schließlich gab er nach.

Als wir an der Baustelle eintrafen, begann ich die Wände auszumessen. Aber der Boden unter meinen Füßen schien sich zu drehen. John fuhr mich zurück in die Firma. Ich ging in den Ausstellungsraum und wollte mich aufs Sofa setzen. Dann schlug ich mit dem Gesicht auf dem Boden auf.

»Holt einen Krankenwagen!«, schrie John und stürzte zu mir.

Wenige Minuten später kam der Rettungswagen.

»So wie es aussieht, müssen wir Sie mitnehmen«, sagten die Sanitäter.

Meine Frau rief unseren Hausarzt an und fragte, ob ich in seine Praxis kommen könnte, statt in die Notaufnahme zu fahren, aber er konnte so schnell keinen Termin freimachen. Also fuhren wir los. Im Krankenhaus wurde eine Reihe von Untersuchungen gemacht. Die Ärzte in der Notaufnahme kamen, um die Ergebnisse mit uns zu besprechen.

»Wir wissen nicht genau, was passiert ist«, sagte einer von ihnen. »Wir möchten ein paar weitere Untersuchungen vornehmen. Eine davon ist eine Ultraschalluntersuchung Ihrer Halsschlagader. Das könnte uns einigen Aufschluss geben. Wir möchten auch einen Borreliosetest machen und noch ein paar andere Dinge.«

»Warum kann mein Hausarzt diese Tests nicht ein andermal machen?«, protestierte ich. »Ich habe heute Abend noch etwas Wichtiges vor.«

»Nun ja«, antworteten sie. »Sie könnten fahren. Aber es wird Monate dauern, bis sie die entsprechenden Termine bekommen, und die Zuzahlungen wären beträchtlich. Wir könnten all diese Untersuchungen innerhalb der nächsten vierundzwanzig Stunden machen, wenn wir Sie für die Nacht aufnehmen.«

Ich war immer noch entschlossen, nicht dazubleiben, als mein Schwiegervater einen seiner Nachbarn entdeckte, der leitender Arzt in der Notaufnahme war. Ein paar meiner Angehörigen fragten ihn nach seiner Meinung.

»Die Sache ist so«, sagte er. »Auch wenn die Untersuchungsergebnisse nicht auf eine unmittelbare Gefahr hindeuten, würde ich bei Craigs Familiengeschichte und angesichts der Tatsache, dass sein Vater kürzlich gestorben ist, gern auf Nummer sicher gehen. Um alle Risiken auszuschließen, wäre es meiner Meinung nach das Beste für Craig, ihn stationär aufzunehmen, um weitere Untersuchungen vorzunehmen.«

Wir stellten seine Einschätzung infrage, aber er beharrte auf seiner Meinung. Wieder hatte ich keine Kontrolle über die Situation. Um drei Uhr nachmittags wurde ich stationär aufgenommen.

Meine Frau holte meine drei Söhne von der Schule ab. Als sie das Krankenzimmer betraten, schauten sie mich unsicher an. Es ist für alle Kinder schwer, ihren Vater in einem Krankenhausbett liegen zu sehen.

»Ich bin bald wieder fit«, sagte ich. »Ihr braucht euch überhaupt keine Sorgen zu machen.«

»Gehst du jagen?«, fragte mein Ältester.

»Nein, daraus wird nichts«, sagte ich. »Sie wollen heute Nacht noch ein paar Tests mit mir machen. Wollt ihr hierbleiben und das Spiel der Eagles mit mir angucken?«

Sie nickten, während ich meinen Cheeseburger aß. Als ich fertig war, schob ich das Tablett weg.

»Hey, Deb«, sagte ich. »Mir geht's nicht so gut. Kannst du die Schwester holen?«

Als Deb mit der Schwester zurückkam, sahen sie mich mit geballten Fäusten und nach hinten verdrehten Augen auf dem Bett liegen. Der Monitor machte ein gleichbleibend piependes Geräusch und ließ im Schwesternzimmer das Alarmsignal aufleuchten.

»Craig! Craig!«, schrie Debbie und gab mir eine Ohrfeige. »Craig! Wach auf!«

Drei weitere Schwestern stürzten ins Zimmer. Debbie scheuchte die Jungen hinaus.

Der Arzt und eine Schwester sahen sich den Monitorausdruck an. Mein Herz hatte aufgehört zu schlagen. Das »Elektrosystem« meines Herzens arbeitete nicht mehr, darum würde der Defibrillator nichts nützen.

Ich war nicht auf den Moment vorbereitet, der mein ganzes Leben verändern würde. Als mein Herz stillstand, schien auch die Zeit stillzustehen. Ich hatte ein Gefühl, das ich nur so beschreiben kann: Es war, als würde ich aus einem Taucheranzug herausgezogen. Ich spürte, wie ich mich langsam vorwärtsbewegte.

Ich empfand ein Gefühl tiefen Friedens und Wohlbehagens. Alles, was ich um mich herum sah, war äußerst klar und scharf. Die ganze Szenerie war in ein gleißendes Licht getaucht. Die Farben leuchteten wie bei Seifenblasen im Sonnenlicht, die meine Kinder manchmal machten – nur wesentlich stärker.

Ich bemerkte, dass in der Nähe eine Gestalt stand. Schnell erkannte ich, dass es mein Vater war. Sein Haar war gescheitelt, wie er es immer trug, aber es war so dunkel wie früher, als er jünger war. Während ich mich näherte, bemerkte ich auch, dass er keine Brille trug – obwohl er, solange ich ihn kannte, immer eine getragen hatte. Ich erinnere mich deutlich, dass er die Arme nach mir ausstreckte, als wollte er mich sanft zurückschieben und meine Vorwärtsbewegung stoppen.

»Jetzt nicht. Jetzt noch nicht«, sagte er. Dann verschwand er.

So schnell ich gekommen war, ging ich wieder. Ich hatte das Gefühl, mich aus einem Sack herauszukämpfen – ganz ähnlich wie aus dem »Taucheranzug« zuvor. Als ich mich wieder orientieren konnte, bemerkte ich, dass ein paar Leute um mich herumstanden, unter anderem ein paar Schwestern und Ärzte zu beiden Seiten des Bettes. Mein Blick klärte sich, und auch meine Gedanken begannen sich zu ordnen. Ich sah Debbie neben mir stehen.

»Ich habe meinen Papa gesehen! Und es hat sich angefühlt, als würde ich mich aus einem Sack herauskämpfen!«, sagte ich zu ihr.

Die Ärzte, die schnell erkannt hatten, was mit meinem Herzen los war, hatten mich in aller Eile den Flur hinuntergeschoben, um mir einen provisorischen Herzschrittmacher einzusetzen. Der ganze Vorfall hatte laut Ausdruck des EKGs nur dreißig Sekunden gedauert, aber er kam mir vor wie eine Ewigkeit.

Nur wenige Ereignisse im Leben eines Menschen können bewirken, dass die Zeit stillsteht. Dies war ein solches Ereignis für mich. Es ist seltsam, wie Gott manchmal auf unsere Fragen reagiert. Meine wurden alle in dieser kurzen Zeit beantwortet. Ich weiß nicht, warum Gott gerade auf diese Weise handelte, aber mir geht es dadurch besser.

Hat Gott unsere Lebensumstände unter Kontrolle? Ja. Hört er meine Gebete? Ja. Gibt es den Himmel wirklich? Ganz bestimmt. Habe ich jetzt mehr Vertrauen zu Gott? Auf jeden Fall.

Und ich weiß nun, dass mein Leben eine viel größere Bedeutung hat, als ich je vermutet habe. »Jetzt noch nicht« bedeutet, dass es für mich noch viel zu tun gibt – und dass ich noch viel über Gottes Liebe lernen kann. Ich glaube, die neu entdeckte Bedeutung meines Lebens könnte darin bestehen, anderen Menschen weiterzusagen, wie real die Liebe Gottes ist, die in seinem Sohn sichtbar wird, und wie real das Leben nach dem Tod ist.

Wahrscheinlich war mein Herzstillstand erforderlich, damit ich zu dem Glauben fand, den ich jetzt habe. Ich bin nun stolzer Besitzer eines permanenten Herzschrittmachers – und eines erneuerten Glaubens an meinen Schöpfer.

Göttliche Ohrenschützer

Laura Chevalier

»Und diese Kugeln sind mitten im Bett gelandet, während Samson und Gladys darin lagen!«

Meine Nachbarin, eine kenianische Mutter namens Mercy, schaute mich an und befühlte die Projektile in ihrer Hand. Sie berichtete mir, was in der kleinen ländlichen Pension passiert war, die als Übernachtungsgelegenheit für viele Missionare und andere Reisende diente, die durch die staubige, abgelegene kenianische Kleinstadt kamen. Im Stockwerk unter der Pension befanden sich zwei Apartments, und ich hatte das gemietet, das unter dem Raum lag, in dem wir uns gerade befanden.

Erstaunlicherweise hatten die Kugeln, die Mercy in der Hand hielt, den Menschen im Bett keinerlei Schaden zugefügt. Etwas anderes war für mich noch unglaublicher: Während dieser Nacht, in der ein Verbrecher aus nächster Nähe mit einer Kalaschnikow auf unser Haus feuerte, hatte ich tief und fest geschlafen, obwohl ich normalerweise einen sehr leichten Schlaf habe.

Der Raum, in dem wir jetzt standen, war der letzte, den die Kugeln durchschlagen hatten. Als Erstes hatten sie das vordere Fenster zersprengt. Dann waren sie von der Küchentheke abgeprallt und hatten die Wände des Badezimmers und eines angrenzenden Gästezimmers wie Pappe durchbohrt. Schließlich waren sie durch diese letzte Wand gedrungen und in dem unordentlichen Bett gelandet, das ich vor mir sah.

Während wir uns zurückzogen, zeigte mir Mercy, wo mögliche Übernachtungsgäste getroffen worden wären. Zum Glück waren die anderen Räume jedoch leer gewesen.

Früher an diesem Morgen hatte ich bemerkt, wie draußen Menschen zusammenkamen. Da dies ziemlich ungewöhnlich war, hatte ich mich ihnen angeschlossen, um herauszufinden, was los war. Die weißhaarige Missionarin, die im Apartment neben meinem wohnte, starrte mich an und fragte mich, wie ich die Nacht überstanden hätte. Ich schaute sie verwirrt an.

»Sie meinen, Sie haben das alles verschlafen?«, rief sie aus.

Meine schockierten Nachbarn standen in Gruppen zusammen und redeten über die Ereignisse der vergangenen Nacht. Alle hatten die Nacht durchwacht und sich in irgendwelchen Ecken verkrochen.

Alle außer mir.

Die andere Missionarin sagte, sie wäre auf Knien zum Ende ihres Flurs gekrochen, hätte an die Wand geklopft und mich leise gefragt, ob alles in Ordnung sei. Aber ich hatte sie nicht gehört, obwohl die Wände so dünn waren.

Während sie weiter über das Geschehene sprachen, sah ich plötzlich in Gedanken ein Bild von zwei Händen, die meine Ohren bedeckten – die Hände waren so groß, dass sie meinen Kopf vollkommen umschlossen. Sie umfassten ihn mit sanfter Kraft und beschützten mich vor dem Lärm.

In diesem Moment begriff ich, dass irgendjemand – ein Engel oder Jesus selbst – über mir gestanden und während des Angriffs meine Ohren und meinen Kopf gehalten hatte. Ich konnte die Folgen des Angriffs sehen, aber ich hatte keinerlei Erinnerung daran. Darum machten mir die lauten Geräusche, die während der darauffolgenden Tage meine Nachbarn aufschreckten, auch nichts aus.

Die nächsten Tage und Wochen waren schwer. Die ermittelnden Polizisten fanden heraus, dass dies bereits der zweite Angriff auf unser Haus war. Um die Fenster meiner Missionarskollegin herum wurden weitere Löcher gefunden, die von Gewehrkugeln stammten.

Als man uns darauf aufmerksam machte, erkannten wir, dass wir alle in einer früheren Nacht das Gewehrfeuer gehört hatten.

Aber da der Schütze aus größerer Entfernung geschossen hatte, hatte niemand begriffen, dass die Kugeln unserem Gebäude galten.

Aufgrund dieser Abschreckungsmaßnahmen war das Hilfswerk der befreundeten Missionarin zu der Ansicht gekommen, dass es zu gefährlich für sie war, sich weiterhin hier aufzuhalten; sie musste das Land verlassen.

Obwohl Gerüchte kursierten, wer hinter dem Angriff stehen könnte, konnte die Polizei den Schützen nicht auffinden. Er kam ungestraft davon.

Die Tatsache, dass niemand für das Verbrechen zur Rechenschaft gezogen wurde, ärgerte mich. Es frustrierte mich auch, dass meine Freundin abgereist war. Ich schlug mich mit Fragen herum wie: *Warum ich, Gott? Warum ist das passiert? Wie in aller Welt willst du diese Situation zum Guten dienen lassen? Wie lange muss ich diese Unsicherheit noch aushalten?*

Er antwortete mir mit seinem eigenen Fragenkatalog: *Vertraust du mir? Bist du bereit, zu lernen und zu wachsen? Willst du jedes Mal rebellieren, wenn du mit Schwierigkeiten konfrontiert wirst, oder erlaubst du mir, dich hindurchzutragen? Bist du bereit, mir zu folgen, was auch immer es dich kostet?*

Ich würde gern sagen, dass diese Fragen Gottes sofort bewirkten, dass ich mit meinen Umständen besser zurechtkam. In vieler Hinsicht taten sie das auch. Ich widmete mich meinen Aufgaben mit großer Hingabe, aber tief in meinem Innern war ich immer noch wütend und frustriert. Ich wollte, dass die Sache aufgeklärt wurde, dass die Dinge, die im Dunkeln verübt worden waren, ans Licht kamen. Als die Zeit verging und nichts geschah, wurde ich bitter.

Beinahe zwei Jahre später flüsterte Gott mir während einer geistlichen Rüstzeit eine beunruhigende Frage aus dem Buch Jona zu, das ich gerade las. Er fragte: »Ist es recht, dass du so zornig bist?«

Die Frage traf den Nagel auf den Kopf, aber zuerst dachte ich: *Bin ich wirklich zornig? Und wenn ja, worüber ärgere ich mich?*

Eine Flut von Bildern brach in meinem Innern los, ein Stummfilm, der mich deutlich überführte. Aber ich wollte mit Gott streiten; ich hatte das Gefühl, dass meine Wut berechtigt war. Ich wollte nichts weiter als Gerechtigkeit.

Gott begann mir zu offenbaren, wie ich zugelassen hatte, dass Zorn und Bitterkeit in mir Raum gewannen. Es war Zeit, loszulassen und zu vergeben, und es ihm zu überlassen, für Gerechtigkeit zu sorgen. Und mit Freude kann ich berichten, dass ich das auch tat.

Gottes Geduld mit mir ist beschämend. Wenn ich zurückschaue und mich frage, warum es Gott gefiel, mich in jener Nacht in Kenia auf so besondere Weise zu beschützen, erkenne ich sein souveränes Handeln.

Ich blieb noch ein weiteres Jahr in dieser Gemeinde. Wäre ich geblieben, wenn ich den Angriff miterlebt hätte? Ich weiß es nicht. Was ich weiß, ist, dass ich keine Angst hatte und mir keine Sorgen machte.

Manche würden vielleicht sagen, ich hätte Angst haben sollen – die Gefahr war durchaus real. Aber ich kann mich nicht daran erinnern, dass ich über den Angriff nachgedacht oder weitere befürchtet hätte. Ich hatte keine Angst, dass irgendjemand hinter mir her war. Diese Art von Furcht existierte für mich einfach nicht.

Obwohl ich meine Freundin vermisste und mir eine andere Entwicklung der Dinge gewünscht hätte, schenkte Gott mir viele neue Freunde – Kenianer und Koreaner. Dass meine Freundin weg war, gab mir die Möglichkeit, innerlich zu reifen und in neue Dienste hineinzuwachsen, die ich nicht übernommen hätte, wenn sie geblieben wäre.

So hat Gott all das, was uns schaden sollte, zum Guten gewendet. Seine Bewahrung und Gnade in dieser Zeit gibt mir die Gewissheit, dass er mein Leben in seiner Hand hält, wohin ich auch gehe. In seiner schützenden Hand bin ich geborgen. Diese Gewissheit nimmt mir alle Angst und schenkt mir tiefen Frieden.

Der Traummann

Beatrice Fishback

Nach sechs Jahren war meine Ehe kaputt. Auch wenn wir noch unter demselben Dach lebten, hatten mein Mann und ich uns innerlich meilenweit voneinander entfernt und hielten es kaum noch miteinander aus.

Jim hatte einen letzten Versuch unternommen, unsere Beziehung zu retten, und mich angefleht, mit ihm in die Kirche zu gehen.

»Nein«, hatte ich gesagt. Warum sollte ich mit jemandem den Gottesdienst besuchen, der mir zu Hause nicht die Liebe schenkte, die ich mir wünschte?

Selbstsucht besitzt die merkwürdige Eigenschaft, dass uns die eigene Einstellung als berechtigt und moralisch einwandfrei erscheint. So empfand ich ein Gefühl der Überlegenheit und sogar einen gewissen Stolz bei dem Gedanken, Jim dadurch verletzt zu haben, dass ich einen wichtigen Faktor unserer Ehe – den Glauben an Gott – bewusst außen vor ließ.

Ich machte Jim für unsere Eheprobleme verantwortlich, aber in Wirklichkeit war ich egozentrisch und in mir selbst gefangen. Ich wollte jedes Mal, wenn eine Entscheidung anstand – egal, wie klein oder groß sie war –, meinen Kopf durchsetzen. Wir stritten uns wegen allem und jedem. Und ich musste immer recht haben.

Schließlich hörte er auf, mit mir zu reden, und wir brachen jede Kommunikation ab.

Mein dickköpfiges Verhalten Jim gegenüber ließ auch meine Liebe zu Gott erkalten. Ich wollte nicht mehr zur Kirche gehen, und schließlich redete ich mir erfolgreich ein, dass Gott nicht existierte. So ging meine Ehe kaputt, und meine Beziehung zu Gott verkümmerte.

Gott bringt uns nicht immer dorthin, wohin wir selbst gern gehen würden. Und es gibt Situationen, in denen er zu drastischen Maßnahmen greift, um unsere Aufmerksamkeit auf sich zu lenken und uns davor zu bewahren, schreckliche Fehler zu machen. Genau das geschah bei mir – und zwar lebensgroß und in Farbe.

Es war eine weitere Nacht starrsinnigen Schweigens. Jim lag mit dem Gesicht zur Wand im Bett und drehte mir demonstrativ den Rücken zu – ein eindrückliches Indiz dafür, dass wir uns wieder einmal schlafen gelegt hatten, ohne miteinander zu reden. Auch ich rollte mich auf die Seite, wandte Jim meinerseits den Rücken zu und fiel in einen tiefen Schlaf.

Ich träumte, dass ich auf einem Schiff war – einem schönen Kreuzfahrtschiff mit einem langen Promenadendeck und glitzernden Lichtern. Es war eine sternklare Nacht, und der Mond schien übernatürlich hell.

Ich trug ein langes Abendkleid, das meine Brust und meine Hüften elegant umschmeichelte. Ich hielt den Kopf aufrecht und straffte voller Selbstvertrauen die Schultern, während ich über das Deck flanierte und zu den Sternen aufblickte. Die ganze Kulisse war so grandios wie der leuchtende Nachthimmel.

Dann bemerkte ich, wie jemand auf mich zukam. Irgendwie wusste ich, dass ich mit niemandem reden wollte – vor allem nicht mit einem Mann. So wandte ich mich ab und blickte nach oben. Nun hielt ich mich an der Reling fest. Jedes Mal, wenn ich mich umschaute, war der gut gekleidete Mann mir ein Stück näher gekommen.

Schließlich stand er direkt neben mir. Er trug einen schwarzen Smoking; die Hosenbeine waren perfekt gebügelt. Die Schärpe um seine Taille lugte unter seinem maßgeschneiderten Jackett hervor. Die Knöpfe an seinem weißen Hemd glitzerten wie Juwelen. Er war groß, dunkelhaarig und attraktiv. Sein markantes Kinn und sein weiches Haar harmonierten vollkommen mit seinem warmen Lächeln und seinem ebenmäßigen Gesicht. Er war der Traummann einer jeden Frau – attraktiv, charmant und liebenswürdig.

Ich sah ihm in die Augen. Er erwiderte meinen Blick ruhig und souverän.

»Was wollen Sie von mir? Warum folgen Sie mir?«, fragte ich.

Er lächelte und antwortete mit sanfter Stimme. Aber seine Worte waren alles andere als sanft und verführerisch. Es kam mir vor, als würden sie nach meiner Kehle fassen und zudrücken. Mein Herz klopfte zum Zerspringen, und meine Arme überzogen sich mit Gänsehaut.

»Ich bin der Teufel, und ich will deine Seele.«

Ein gut gekleideter Teufel stand auf meinem Schiff und bot mir seine Welt an. Dann war er verschwunden. Das Schiff, der schöne Abend, mein atemberaubendes Kleid – alles war weg.

Schweißgebadet wachte ich auf. Der Traum war so real gewesen wie das Bett, in dem ich schlief. Ich konnte mich an jeden Augenblick erinnern, als hätte ich das alles wirklich erlebt.

Und ich wusste, dass das in gewisser Weise auch so war.

Jack hatte mir immer noch den Rücken zugewandt. Die Bettdecke über uns war warm und spendete meiner Seele und meinem Körper einen vertrauten Trost. Dennoch wusste ich ohne den Hauch eines Zweifels, dass Gott mir einen Blick in eine Möglichkeit gewährt hatte, mit der ich in Gedanken spielte – meinen Mann zu verlassen und nach allem zu greifen, was die Welt für mich bereithielt. Gleichzeitig hatte er mir gezeigt, was das letztlich bedeuten würde. Die Dinge dieser Welt sehen ansprechend aus. Sie sind so atemberaubend wie ein gut gekleideter Mann, der uns umwirbt und vollkommenes Glück anbietet – zumindest vorübergehend.

Gott zeigte mir in meinem Traum sehr deutlich, dass ich die Wahl hatte, mich für die Dinge dieser Welt zu entscheiden oder zu ihm zurückzukehren, dem Gott meiner Kindheit. Es lag ganz bei mir, aber er wollte, dass ich sah, was auf dem Spiel stand: dass ich meine Seele einem gut gekleideten Teufel verkaufte.

Ich weckte Jim um drei Uhr morgens und sagte ihm, dass ich mit ihm zur Kirche gehen wollte. Er nickte benommen und schlief wieder ein.

Ein paar Wochen später besuchte ich eine Frauenfreizeit, die von der Gemeinde angeboten wurde. Während des Wochenendes hörte ich immer wieder von Gottes Liebe. Gott öffnete mir die Augen für den Egoismus, den ich in meiner Ehe an den Tag gelegt hatte, und für meinen geistlichen Hochmut. An jenem Sonntagmorgen lieferte ich ihm mein Leben neu aus und schenkte Jim noch einmal mein Herz.

Die Nacht auf dem Schiff mit dem gut gekleideten Teufel rettete meine Ehe. Und mein Leben wurde für immer verändert, als Gott mir in den Tiefen meines Traumes begegnete und mich zurückholte in die Realität.

Ich bin ihm ewig dankbar dafür, dass er das tat.

Amys Rettung

Donald E. Phillips

Amy schien eine ganz normale, respektvolle und gewissenhafte Studentin an der Bibelschule im Mittleren Westen zu sein, an der ich als Verwaltungsleiter, Lehrer und Pastor arbeitete.

Sie war freundlich und sympathisch. Wir wussten jedoch nicht, dass sich hinter ihrem Lächeln tiefe, quälende Probleme verbargen. Später erfuhren wir, dass Amy in einer psychiatrischen Klinik gewesen war, bevor sie an unsere Schule gekommen war, und dass sie einige Erfahrungen auf dem Gebiet des Okkultismus gemacht hatte.

Nun lebte sie auf unserem Campus in einem Studentenapartment. Vor einiger Zeit hatten einige ihrer Zimmernachbarn berichtet, dass seltsame Dinge in den Apartments passierten – vor allem in dem von Amy. Sie sahen, wie sich Küchengegenstände und andere Dinge plötzlich in die Luft erhoben und herumflogen.

Als solche Berichte die Runde machten, wusste zunächst keiner von uns Mitarbeitern, was wir tun sollten. Ich machte mir Sorgen um die Studenten, die in den Apartments lebten. Es hatte zwar niemand körperlichen Schaden davongetragen, aber die Ereignisse standen im Widerspruch zu den christlichen Überzeugungen, die wir an unserer Bibelschule vertraten. Wir glaubten daran, dass Jesus das Licht der Welt ist, und wollten nicht zulassen, dass sich in unserem Lebensbereich irgendwelche dämonischen oder satanischen Aktivitäten abspielten. Das Reich der Finsternis sollte bei uns keinen Raum haben.

Wir mussten irgendetwas unternehmen.

Gemeinsam mit meinen beiden Mitarbeitern Roger und Jared beschloss ich, der Sache auf den Grund zu gehen. Wir machten einen Termin mit Amy aus, um sie zu besuchen, und an jenem

Tag hieß Amy uns freundlich an der Tür willkommen. Ihre Mitbewohnerin, die wusste, warum wir da waren, ging in ein anderes Zimmer, und Amy setzte sich allein auf ein kleines Sofa. Roger, Jared und ich nahmen auf einem anderen Sofa Platz, das etwa zwei Meter entfernt stand.

Zuerst führten wir ein normales, entspanntes Gespräch. Wir unterhielten uns mit Amy darüber, wie sie in der Bibelschule zurechtkam und wie es ihr persönlich ging. Bevor wir Gelegenheit hatten, zu ernsteren Themen überzugehen und Amy darauf anzusprechen, was in ihrem Apartment vor sich ging, passierte etwas Seltsames mit ihr.

Amys Augen wurden glasig und begannen sich wild zu bewegen. Die junge Frau, die eben noch aufrecht und höflich dagesessen hatte, rollte vom Sofa, wand sich hin und her und verrenkte die Glieder, offensichtlich von einer dämonischen Macht beeinflusst.

Wir blieben ruhig, da wir fest daran glaubten, dass die Macht Christi größer ist als jede andere Macht im Himmel und auf Erden. Aber mit einem Schlag waren wir gezwungen, vom Bereich natürlicher menschlicher Verhaltensweisen und Kommunikation in den Bereich einer übernatürlichen Auseinandersetzung zu wechseln. Ich musste an Epheser 6,12 denken: »Denn wir kämpfen nicht gegen Menschen aus Fleisch und Blut, sondern gegen die bösen Mächte und Gewalten der unsichtbaren Welt, gegen jene Mächte der Finsternis, die diese Welt beherrschen, und gegen die bösen Geister in der Himmelswelt.«

Es sah aus, als würde die Auseinandersetzung in der Himmelswelt ihre Macht auf der Erde demonstrieren. Es kommt schließlich nicht allzu häufig vor, dass Menschen im Beisein ihrer Gäste vom Sofa rollen und sich auf dem Boden herumwälzen – insbesondere, wenn diese Gäste ihre Pastoren und Lehrer sind!

Amys Augen waren jetzt dunkel vor Zorn. Eben hatten wir uns noch ganz normal mit ihr unterhalten, doch plötzlich schien sie sich in einer völlig anderen Welt zu befinden. Sie grinste und fauchte, knurrte und schleuderte uns Hass und Wut entgegen. Sie hatte sogar Schaum vor dem Mund. Ihr Gesicht war zu einer schrecklichen Grimasse verzerrt, und sie begann, seltsame Namen und Worte auszustoßen. Es schien alles im Zusammenhang mit Dämonen und okkulten Mächten zu stehen.

Während sie sich auf dem Fußboden wälzte, beteten wir für sie und riefen den Namen Jesus über ihr aus, um sie zu befreien.

Aber die Macht, die ihren Körper beherrschte, gab sie nicht frei. Wir näherten uns vorsichtig, streckten unsere Hände in ihre Richtung aus und beteten. Roger, der ein besonders feinfühliger, fürsorglicher Mensch ist, machte den Fehler, Amy ein wenig zu nahe zu kommen. Amy, oder genauer gesagt, der Dämon, der sie in diesem Moment beherrschte, trat Roger heftig zwischen die Beine.

Schließlich kam Amy zur Ruhe. Nicht durch uns, sondern durch Jesus. Die ganze Zeit über beteten wir weiter und flehten Gott an, sie im Namen und in der Kraft von Jesus von diesen bösen Mächten zu befreien, wie Jesus während seines irdischen Dienstes Menschen befreit hatte, die von Dämonen besessen waren.

Was lernten wir aus der Geschichte? Wir wurden Zeugen eines Vorgangs, den man vielleicht als Exorzismus bezeichnen kann – das Austreiben einer dämonischen Macht aus einem Menschen, der geistlich gebunden war. Wir sahen auch einen deutlichen Beweis dafür, dass Satan mächtig, Gott jedoch *allmächtig* ist. Der Name Jesus hat mehr Kraft als jeder andere Name im Himmel und auf Erden. In diesem Namen besitzen wir die Vollmacht, Mächte der Dunkelheit und Zerstörung auszutreiben.

Das Treffen, bei dem Amy befreit wurde, fand an einem Samstag statt. Am nächsten Tag saßen wir alle gemeinsam im Gottesdienst, einschließlich Amy. Sie sah völlig verändert aus – befreit, friedlich, lächelnd. Diejenigen, die sie gut kannten, staunten über den Unterschied und das Strahlen, das von ihr ausging. Studenten und Mitarbeiter tauschten lächelnde Blicke und Umarmungen mit ihr aus und waren davon überzeugt, dass sie eine dramatische Verwandlung erlebt hatte.

Nach diesem erstaunlichen Erlebnis, bei dem Amy aus dem dunklen Meer des Bösen gerettet worden war, war und blieb sie völlig klar. Sie wurde vollkommen wiederhergestellt, weil Jesus Christus alle Mächte des Bösen besiegt hat und wir diesen Sieg auch heute noch tagtäglich für uns in Anspruch nehmen dürfen.

Kleine Hand in meiner Hand

Patti Shene

Orangefarbene Flammen leckten an der Holzfassade unseres Hauses. Schwarzer Rauch verteilte sich auf dem Schnee, und Rußpartikel verwandelten seine glänzend weiße Oberfläche in schmutziges, lebloses Grau.

Wenige Augenblicke zuvor hatten mein kleiner Bruder, meine jüngere Schwester und ich uns wie jeden Tag für die Schule fertig gemacht.

Mussten wir überhaupt zur Schule? Wir pressten unsere Nasen ans Fenster, und in unseren Herzen brannte die Sehnsucht nach einer Verlängerung der Weihnachtsferien. Wegen des tiefen Schnees und der Minustemperaturen würden wir vielleicht unseren Willen bekommen und einen weiteren Tag zu Hause bleiben können.

Die drei Holzöfen, die unser gemütliches Haus beheizten, waren der Inbegriff von Wärme und Geborgenheit – bis zu dem Moment, als ich Flammen und Rauch aus dem Kamin quellen sah. Als ich nach meiner Mutter schrie, stürzte sie ins Zimmer. Sie riss mit einer Hand den Hörer vom Telefon und gab meiner Schwester und mir mit der anderen ein Zeichen, dass wir nach draußen laufen sollten. Entsetzt beobachteten wir durch die Tür, wie Mama den Hörer fallen ließ und in den schwarzen Rauchschwaden verschwand.

Trotz ihrer Verzweiflung zwangen die sengende Hitze und der beißende Rauch sie zum Umkehren. Irgendwo im ersten Stockwerk wartete mein fünfjähriger Bruder, unschuldig und verletzlich.

Papa hatte draußen Holz gehackt, als unsere angstvollen Schreie seine Aufmerksamkeit auf die Flammen lenkten, die aus dem Dach quollen. Die dicke Kleidung, in die er gehüllt war, um sich gegen die eisigen Temperaturen zu schützen, ermöglichte es ihm, sich in das wütende Inferno zu wagen. Sogar dort draußen, wo ich zitternd vor Kälte und Entsetzen das Szenario beobachtete, hörte ich deutlich, wie er mit seiner tiefen Stimme nach Bobby rief.

Eine Ewigkeit verging, bevor Papa mit meinem kleinen Bruder im Arm erschien. Bobbys ehemals rosige, weiche Wangen waren verkohlt und mit Brandblasen übersät. Ich schaute ungläubig zu, wie mein Vater den geschwärzten Körper meines Bruders in eine Schneewehe warf. *Atmete er noch?*

Feuerwehrsirenen heulten auf und übertönten das Knistern der gierigen Flammen. Ein Feuerwehrmann fragte Mama, was er aus den gnadenlosen Flammen retten sollte, falls es überhaupt möglich war, irgendetwas herauszuholen. Kurz darauf schleppten ein paar Männer unseren riesigen Flügel aus der Tür und stellten ihn auf den gefrorenen Boden.

»Wo ist Bobby?«, jammerte meine Mutter. Ihre Stimme war heiser vom Rauch, der den ganzen Garten füllte. Verzweifelt suchte sie die Schneewehen nach ihrem verletzten Sohn ab.

»Wir haben ihn in einen Schuppen gebracht, wo er besser geschützt ist«, antwortete einer der Männer.

Unser Nachbar, der Gemüsehändler aus der Stadt, hob Bobby in sein Auto, und Mama begleitete ihn ins Krankenhaus. Bevor sie losfuhren, hörte ich Worte, die mich eisiger durchdrangen als die winterlichen Temperaturen. »Der Junge wird's nicht schaffen. Er ist zu schwer verletzt.«

Irgendjemand nahm meine Hand und führte mich weg. Betäubt von der Kälte und dem Schock, ging ich mit. Sobald ich mich im warmen Haus unserer Nachbarn befand, nahm ich einen Beobachtungsposten am Fenster ein. Stundenlang saß ich dort und ließ mich durch nichts abbringen, die schreckliche Zerstörung zu beobachten, die nebenan vor sich ging. Wie gelähmt sah ich stumm und reglos zu, wie mein Elternhaus bis auf die Grundmauern niederbrannte.

Wir verbrachten unsere erste Nacht ohne eigenes Zuhause bei meiner Tante, meinem Onkel und unseren Kusinen. Die beiden Mädchen waren so alt wie meine Schwester und ich, und wir vier waren miteinander durch dick und dünn gegangen. Ihre Versuche, mich zu trösten, scheiterten kläglich. Zwei meiner Angehörigen lagen im Krankenhaus und kämpften um ihr Leben.

Mein Vater hatte keine schweren Verbrennungen, aber er musste um jeden Atemzug ringen, da er so viel Rauch eingeatmet hatte. Bobby schwebte zwischen Leben und Tod. Er konnte ein paar Worte krächzen, aber er bekam noch nicht einmal einen Schluck Wasser herunter. Die Krankenhausangestellten taten alles Menschenmögliche, um seine schrecklichen Schmerzen zu lindern, aber Unfallkliniken, die sich auf Verbrennungen spezialisiert hatten, existierten damals noch nicht.

Nach einer unruhigen Nacht, in der ich mich rastlos im Bett hin und her geworfen hatte, hörte ich beim Aufwachen, wie meine Tante im Badezimmer würgte. *Hatte sie sich den Magen verdorben?* Nein, ich hatte schon früher erlebt, dass sie sich übergeben musste, wenn irgendetwas Schlimmes passiert war. Ihr blasses Gesicht und der Schmerz in ihren Augen sagten mir schneller, als Worte es hätten tun können, dass mein schlimmster Albtraum Wirklichkeit geworden war.

Mein kleiner Bruder war tot.

Die Schulstunden am nächsten Tag vergingen in einem Nebel von Unwirklichkeit. Meine Lehrerin nahm mich in die Arme. Meine Klassenkameraden starrten mich an. Die Kinder unterhielten sich leise, und die Gespräche verstummten, wenn ich näher kam. Nur ein kleiner Satz drang an meine Ohren: »Wir sollen nicht mit ihr darüber reden.«

Alle Einwohner unserer kleinen Stadt in Wisconsin kamen zu Bobbys Beerdigung. Wir hatten alles verloren, aber die Nachbarn taten sich zusammen und schenkten uns die materiellen Dinge, die wir benötigten. Ein Mann stellte uns sogar sein Haus zur Verfügung. Kinder brachten uns Spielzeug und Weihnachtsschmuck, da es immer noch Weihnachtszeit war.

Aber die Großzügigkeit und Liebe unserer kleinen Gemeinde konnten mein verhärtetes Herz nicht berühren. Der Tod meines Bruders hatte eine klaffende Lücke in meinem Leben hinterlassen. Nichts würde sie jemals füllen können.

Wir nahmen unser normales Leben wieder auf. Mein Vater kehrte zu seiner Arbeit als Schiffer auf den Seen zurück. Der Schulunterricht ging weiter, als wäre nichts geschehen. Aber für mich gab es keine Normalität mehr. Ich hüllte mich in einen Kokon aus Zorn, Groll und Schmerz. Mein zehnjähriges Herz lehnte alles ab, was ich von klein auf über Gott und seine Verheißungen gelernt hatte.

Was für ein Gott war das, der Bobby auf diese Weise sterben ließ? Wie konnte er so ungerecht sein! Hasserfüllt schleuderte ich die bitteren Worte in den Himmel. Ich weinte unaufhörlich. Kein Versuch einer Erklärung konnte mir die Frage beantworten, warum mein Bruder uns verlassen musste. Die Lektionen unserer Sonntagsschullehrerin rauschten an mir vorbei, und mein Glaube war für mich nur noch eine leere Hülle.

Drei Monate nachdem mein Bruder gestorben war, rannen mir eines Nachts im Bett heiße Tränen über die Wangen und flossen auf mein Kopfkissen. Die Wut auf Gott kochte in meinem Herzen. *Wie konntest du so gemein sein, uns Bobby wegzunehmen?*, tobte ich wieder einmal.

Plötzlich erfüllte ein strahlendes Licht das Zimmer. So sanft wie eine Vogelfeder schob sich eine kleine Hand in meine. Die weichen, vertrauten Finger meines Bruders flochten sich in meine. Unzählige Male, wenn ich früher die Hand nach ihm ausgestreckt hatte, hatte sich seine kleine Hand in den festen, beschützenden Griff seiner älteren Schwester geschmiegt.

Ich erkannte seine sanfte Berührung sofort.

»Warum weinst du? Ich bin glücklich da, wo ich bin.« Bobbys Worte vertrieben die Härte und Bitterkeit in meinem Herzen. »Es ist alles in Ordnung. Hör auf, um mich zu weinen.«

Ein Gefühl der Wärme ließ sich auf meinem Scheitel nieder und breitete sich durch meinen ganzen Körper aus, bis es meine Zehenspitzen erreichte.

Ich setzte mich im Bett auf. Hatte sich meine Schwester zu mir gedreht und meine Hand genommen? Ich sah zu ihrer Seite des Zimmers hinüber. Nein. Sie hatte mir den Rücken zugewandt, und ihr gleichmäßiger Atem zeigte mir, dass sie schlief.

Gott liegt etwas an mir!

Ich nahm diese Wahrheit mit wie einen Schatz, während ich mich unter der Bettdecke verkroch und so friedlich einschlief, wie ich seit jener schrecklichen Nacht, als unser Haus abgebrannt war, nicht mehr geschlafen hatte.

Am nächsten Morgen schlich ich nach unten und sagte meiner Mutter in der Küche guten Morgen. »Mama, Bobby hat letzte Nacht meine Hand gehalten und mir gesagt, dass es ihm gut geht.«

Würde sie mir glauben?

Mama blinzelte, und ein Lächeln breitete sich auf ihrem Gesicht aus. »Setz dich«, bat sie mich. Wir setzten uns an den Küchentisch, und sie nahm meine Hand. »Ich habe letzte Nacht auch Besuch bekommen.« Ihre Augen strahlten vor Freude.

»Bobby hat auch mit dir geredet?«, keuchte ich.

Sie nickte. »Ich habe gesehen, wie er gelacht und mit lauter anderen Kindern gespielt hat.« Sie wischte sich eine Träne aus dem Gesicht. »Er ist herumgerannt und hat unglaublich viel Spaß gehabt. Er hat mir gesagt, dass er glücklich ist und dass wir uns keine Sorgen zu machen brauchen.«

An jenem Tag begann mein Herz zu heilen. Es dauerte Jahre, bis ich erfuhr, was meine Schwester in derselben Nacht erlebt hatte, als mein Bruder meine Mutter und mich besuchte. Sie war damals sieben Jahre alt gewesen und hatte plötzlich laut geweint. Als Mama zu ihr ging und sie fragte, warum sie weinte, sagte sie: »Ich habe Bobby gesehen.«

Sechzig Jahre später spüre ich immer noch die Narben, die ich damals durch den Verlust davongetragen habe. Wenn ich an jenen schicksalhaften Tag denke, kommen mir die Tränen. Mein Hals schnürt sich zu, wenn ich von Bobby rede. Und doch ist mein Herz von der tiefen, warmen Gewissheit erfüllt, dass sich seine Hand eines Tages wieder in meine schmiegen wird.

Der große Beschützer

Suzan Klassen

»Halt an, Rodney!«

Während wir die Straße hinunterfuhren, richtete sich meine Aufmerksamkeit auf die Auffahrt, die zu einem viel befahrenen Highway führte. Auf dem Seitenstreifen rechts daneben parkte ein Auto, und im Scheinwerfer der vorbeisausenden Fahrzeuge war eine dunkelhaarige, schwarz gekleidete Frau zu sehen. Während sie neben ihrem Wagen auf- und abging, erhaschte ich einen Blick auf ihr verwirrtes Gesicht.

»Diese Frau braucht Hilfe, Liebling. Wir müssen anhalten!«

Mein Mann fuhr rechts heran. Aber wir waren zu weit von ihr entfernt, um zurücksetzen zu können. Autos rasten an uns vorbei.

Ich verrenkte mir den Hals, um besser sehen zu können. Die Frau ging immer noch neben ihrem Fahrzeug auf und ab. Es war Freitagabend und es herrschte reger Verkehr. Ständig brausten Fahrzeuge an ihr vorbei.

»Warum in aller Welt setzt sie sich nicht wieder ins Auto, ehe sie überfahren wird? Wir müssen schnell zu ihr. Sie ist in Gefahr!«

Mein Mann betrachtete den regen Verkehr.

»Warum fahren wir nicht zurück, Papa?«, fragte unser fünfjähriger Sohn auf dem Rücksitz.

»Ich kann nicht zurückfahren. Warum müssen ausgerechnet wir ihr helfen? Es sind so viele Leute unterwegs heute Abend. Da hält bestimmt jemand anderes an.«

»Ich weiß auch nicht, warum, aber ich bin mir ganz sicher, dass wir diejenigen sind, die helfen sollen«, beharrte ich.

Dann begann ich laut zu beten. »Herr Jesus, bitte beschütze sie. Mach, dass sie wieder ins Auto steigt. Bewahre sie, bis wir bei ihr sind. Mach, dass die anderen Vorbeifahrenden sie nicht sehen – Leute, die ihr vielleicht etwas tun oder sie ausnutzen könnten. Mach sie so lange unsichtbar, bis wir bei ihr sind, und bitte sorg dafür, dass der Verkehr langsamer wird.«

Ich warf erneut einen Blick über die Schulter. Ein Mann von der Statur eines Kleiderschranks folgte der Frau. Im Scheinwerferlicht sah ich, dass er ein schwarzes Hemd und eine helle Hose trug. Er trat an ihre Seite und ging im Gleichschritt neben ihr. So führte er sie zu ihrem Wagen und ließ sie einsteigen.

Mein Mann entdeckte eine Lücke im Verkehr und sagte: »Ich muss eine Stelle finden, wo ich umdrehen kann.«

Während wir weiterfuhren, jammerte unser Sohn: »Wollen wir ihr denn nicht helfen?«

»Wir fahren zurück, Junge. Gib mir ein bisschen Zeit.«

»Und wenn irgendjemand vor uns bei ihr ist?«

»Ich tue, was ich kann.«

Um meinen Sohn abzulenken, sagte ich: »Komm, wir beten zusammen, Michael. Herr Jesus, bitte schenk, dass wir bei ihr sind, bevor jemand anderes anhält. Und lass den Verkehr weniger werden, damit wir ihr helfen können, ohne in Gefahr zu geraten. Sorge dafür, dass sie im Auto bleibt und nicht wieder aussteigt.«

Nach ein paar Minuten hatten wir die Stelle wieder erreicht. Mein Mann parkte unseren Wagen hinter dem der Frau und stieg aus. Er ging zum Fahrerfenster. »Was ist passiert? Können wir Ihnen irgendwie helfen?«

»Mein Reifen ist platt. Und ich glaube, mit der Felge stimmt auch irgendwas nicht.« Sie stieg aus und führte ihn zur Beifahrerseite. »Sehen Sie?« Sie zeigte auf den Hinterreifen.

»Du meine Güte! Schauen Sie sich die Felge an. Sie ist völlig verbogen. Sie müssen auf die Betonbegrenzung der Auffahrt geprallt sein.«

»Ja, wahrscheinlich bin ich das.«

»Haben Sie einen Ersatzreifen?«

»Ja, ich glaube schon. Warten Sie, ich gebe Ihnen den Kofferraumschlüssel.«

Sie gab meinem Mann den Schlüsselbund und zeigte ihm den Schlüssel für den Kofferraum. Er öffnete ihn und nahm den Ersatzreifen und den Wagenheber heraus.

»Also, die hat wirklich Vertrauen. Ich glaube nicht, dass ich meine Schlüssel einem Fremden geben würde«, sagte ich zu Michael.

»Wo ist der große Mann?«

»Das habe ich mich auch gerade gefragt. Du hast ihn also auch gesehen?«

»Ja. Er war wirklich riesig!«

»Stimmt. Bleib im Auto, Michael. Ich gehe mal rüber und spreche mit ihr.«

»Die Felge sieht ziemlich schlimm aus«, sagte ich zu der Frau.

»Ja«, meinte sie und lachte nervös. »Ich habe gebetet: Gott, du musst mir jemanden schicken, der mir diesen Reifen wechselt. Ich kann das einfach nicht. Ich brauche deine Hilfe. Bitte schick mir eine christliche Familie, die mir hilft, und beschütze mich, bis sie kommt.«

»Darum hatten wir also das Gefühl, dass wir zurückkommen mussten. Wir hatten ganz stark den Eindruck, dass wir Ihnen helfen mussten, obwohl dieser große Mann bei Ihnen war, der Sie beschützt hat. Wer war das eigentlich? Und wo ist er?«

Sie fuhr herum. »Was für ein Mann?«

»Der große Mann mit der hellen Hose und dem schwarzen Hemd. Er hatte einen Bürstenhaarschnitt. Er hat Ihnen geholfen, ins Auto zu steigen. Es sah ganz so aus, als würde er Sie absichtlich vor den Blicken der Vorbeifahrenden abschirmen.«

»Ich habe ihn auch gesehen«, rief mein Sohn durchs offene Fenster.

»Hier war niemand außer mir«, stotterte sie mit weit aufgerissenen Augen. »Gott muss einen Engel geschickt haben, um mich zu beschützen. Ich hatte ihn gebeten, mich zu bewahren.« Sie lächelte breit. »Gott, du bist so wunderbar!« Sie streckte die Arme in den Himmel.

Mein Mann beendete den Reifenwechsel und zog den Wagenheber unter dem Auto hervor.

»Vielen, vielen Dank. Ich weiß nicht, was ich gemacht hätte, wenn Sie nicht angehalten hätten.«

Wir kehrten zu unserem Wagen zurück und sahen zu, wie sie wegfuhr.

Als wir unseren Weg fortsetzten, sagte mein Mann: »Du glaubst also, du hättest heute Abend einen Engel gesehen?«

»Vielleicht schon. Ich habe keine andere Erklärung dafür. Michael und ich haben ihn beide gesehen, aber als wir bei ihrem Auto ankamen, war dort niemand außer ihr. Und sie hat ihn gar nicht bemerkt. Es sah wirklich so aus, als würde er sie beschützen, weil er sie vor den vorbeifahrenden Autos abgeschirmt hat. Sogar seine Kleidung wirkte, als würde sie genau diesem Zweck entsprechen.«

»Seine Kleidung? Wie meinst du das?«

»Ich weiß, dass das komisch klingt, aber es war, als wollte Gott, dass sein Engel optisch besonders gut zu ihr passt. Er trug ein schwarzes Hemd und eine helle Hose. Sie hatte ein schwarzes Kleid an, und ihre hellen Beine stachen irgendwie hervor. Sein schwarzes Hemd passte zu ihrem Kleid, und seine helle Hose verbarg ihre Beine. Es war beinahe, als würde er sie unsichtbar machen.«

»Eigenartig. Wirklich eine seltsame Geschichte. Und warum, denkst du, wollte Gott, dass wir ihr helfen? Er hätte ja auch einfach den Engel den Reifen wechseln lassen können.«

»Vielleicht wollte er, dass wir die Antwort auf ihr Gebet waren. Sie hat gesagt, sie hätte Gott gebeten, ihr eine christliche Familie zu schicken.«

»Wirklich?«

»Was ich interessant finde, ist, dass du den Mann nicht gesehen hast.«

»Na ja, wenn ich ihn gesehen hätte, hätte ich nicht angehalten.«

»Stimmt. Vielleicht hast du ihn deshalb nicht gesehen – weil Gott es nicht wollte. Komisch, Michael und ich haben ihn beide wahrgenommen, aber wir wollten trotzdem zu ihr zurückfahren. Ich habe keine Sekunde gedacht: *Ach, gut, da ist ja schon ein Mann. Er wird ihr helfen. Dann brauchen wir es ja nicht zu tun.* Ich war davon überzeugt, dass wir diejenigen waren, die ihr helfen sollten.«

Ich drehte mich um und schaute meinen Sohn an.

»Tja, Michael, ich glaube, wir haben heute ein Wunder erlebt. Wir haben erlebt, dass Gott unser Gebet erhört hat, diese Frau zu beschützen, und gleichzeitig sind wir die Antwort auf *ihr* Gebet gewesen.«

Er saß auf seinem Sitz und grinste von einem Ohr zum anderen.

Exorzismus für Anfänger

Bob Haslam

Als ich am Silvesterabend ins Flugzeug stieg, trat ich die Reise über den Pazifik und um die Welt im Auftrag einer internationalen Hilfsorganisation an. Ich war einer der leitenden Mitarbeiter und hatte die Aufgabe, verschiedene Projekte auf den Philippinen, in Hongkong, Thailand, Bangladesch und Indien zu überprüfen.

Während der darauffolgenden Tage, die mit dem Höhepunkt einer Welle von Bootsflüchtlingen aus Vietnam zusammenfielen, besuchte ich Flüchtlingslager auf den Philippinen, in Hongkong und Thailand. Ich begegnete Menschen mit herzzerreißenden Geschichten, wie sie mit knapper Not die Angriffe der vietnamesischen Armee und Marine überlebt und viele hoffnungslose Tage auf See ohne Essen und Trinkwasser verbracht hatten.

Viele waren durch Schiffe der Vereinten Nationen von Booten gerettet worden, die nicht seetüchtig waren. Andere hatten auf dem Landweg die Grenze von Vietnam nach Thailand überquert.

Ich besuchte Flüchtlinge in überfüllten Lagern und in Gefängnissen in Bangkok. Viele Vietnamesen waren nach Thailand gekommen, ohne zu wissen, dass sie sich bei den Behörden vor Ort registrieren lassen mussten, ehe sie ins Land einreisen durften. Darum steckten sie nun in menschenunwürdigen Gefängniszellen statt in Flüchtlingslagern.

In Bangladesch hatten viele Menschen nach Überschwemmungen aufgrund des Monsunregens alles verloren.

Verzweiflung umgab mich überall, wohin ich kam. Die Mitarbeiter unserer Hilfsorganisation waren damit beschäftigt, mit dem Boot von Dorf zu Dorf zu fahren, um Lebensmittel und andere Hilfsgüter zu verteilen.

Mein nächstes Reiseziel war Indien, wo ich in Kalkutta, Bangalore und Madras mit Entwicklungshelfern zusammentraf. In Madras, das jetzt offiziell Chennai heißt, besuchte ich ein Dorfsanierungsprojekt, das unsere Hilfsorganisation im vergangenen Jahr komplett finanziert hatte.

Das Dorf lag nur wenige Kilometer außerhalb von Madras in einer Flutregion und war eine Hindu-Enklave. Jedes Jahr wurden die Häuser während der Regenzeit von Flutwasser überschwemmt. Unsere christliche Organisation hatte auf die Notlage der Dorfbewohner reagiert und ein Großprojekt finanziert. Es diente dem Zweck, jedes einzelne Haus ein bis zwei Meter höher zu legen. Der darunterliegende Raum wurde mit Erde und Steinen gefüllt. Dann wurde eine Schicht Zement auf und um das Füllmaterial herum gegossen, und vor die Fassade jedes Hauses wurden Zementstufen gebaut. Wenn die jährlichen Fluten kamen, lagen die Häuser nun über dem Wasserspiegel.

Ein indischer Mitarbeiter unserer Organisation nahm mich mit auf einen Besuch im Dorf. Wir gingen durch die Schotterstraßen zwischen den erhöhten Häusern. Die Leute kamen zu einer Art Parade zusammen, als bekannt wurde, dass sich ein Vertreter der segensreichen amerikanischen Hilfsorganisation in ihrem Dorf befand. Viele von ihnen gaben mir die Hand und dankten mir mithilfe des Dolmetschers für die Unterstützung, die sie bekommen hatten.

Die Menschenansammlung wurde immer größer und lauter, und das Ganze wuchs sich zu einem regelrechten Fest aus. Ich wurde mit solchem Respekt behandelt, wie ich es vorher nie erlebt hatte. Mein Dolmetscher scherzte, man würde mich behandeln wie einst Mahatma Gandhi.

»Na ja, ein bisschen anders bin ich schon«, antwortete ich. »Ich trage Schuhe und einen Safarianzug. Gandhi lief barfuß herum und trug bloß einen Lendenschurz.«

Das Ganze war für mich eine äußerst bewegende Erfahrung.

Ich hatte zwar geholfen, Geld für Projekte wie dieses zu sammeln, aber ich war nicht direkt an seiner Durchführung beteiligt gewesen. Und doch überschütteten diese dankbaren Menschen mich mit Lob und Bewunderung.

Die Nachricht, dass ich durchs Dorf ging, verbreitete sich von Tür zu Tür, und die Familien liefen aus ihren Häusern, um sich der Prozession anzuschließen.

Plötzlich kam die Parade zum Stillstand. Ein Mann stürmte aus einem Haus und zog seine Frau buchstäblich hinter sich her. Er bahnte sich einen Weg durch die Menge und warf mir seine Frau beinahe vor die Füße.

Der Mann sprach aufgeregt mit meinem Dolmetscher und warf dabei ab und zu einen Blick auf mich. Als er fertig war, sagte der Dolmetscher, der Mann sei davon überzeugt, dass seine Frau von einem Dämon besessen sei. Er habe gehört, dass Jesus Dämonen ausgetrieben hätte, und daher bitte er mich als Repräsentanten einer christlichen Organisation darum, den Dämon aus seiner Frau auszutreiben.

Die Frau lag auf Händen und Knien vor mir auf der Schotterstraße. Ihr Gesicht war zu Boden gewandt, und ihr langes Haar hing auf die Steine hinab. Der Mann packte sie am Schopf und riss ihr Gesicht zu mir hoch.

Ich war entsetzt. Das Gesicht der Frau war verzerrt, und sie verdrehte unkontrolliert die Augen. Sie gab keinen Laut von sich, schien jedoch schreckliche Angst vor mir zu haben. Der Mann riss sie so weit hoch, dass ihr Gesicht auf Höhe meiner Hüfte war.

»Bitte, bitte«, flehte er mich mithilfe des Dolmetschers an, »treiben Sie den Dämon aus meiner Frau aus!«

Ich war noch nie in so einer Situation gewesen, aber ich hatte Missionare davon erzählen hören, dass sie in afrikanischen Dörfern im Namen von Jesus Dämonen ausgetrieben hatten. Ich kannte die Bibel gut und wusste, welche Kraft im Namen von Jesus liegt.

Es wurde still, während alle gespannt die Hälse reckten, um mitzubekommen, was ich tun würde. Solch ein Schauspiel, dass ein christlicher Mann gebeten wurde, eine Hindu-Frau von einem Dämon zu befreien, bot sich nicht alle Tage.

Ich betete im Stillen, dass Gott mich führte und mir auch die Kraft schenkte, der Frau zu geben, was sie brauchte. Obwohl ich angespannt gewesen war, beruhigte ich mich innerlich. Ich wusste, was Gott von mir wollte. Ich hatte Geschichten darüber gehört, dass Dämonen mit lautem Geschrei aus Menschen ausfuhren, aber ich hatte keine Ahnung, was als Nächstes passieren würde.

Ich legte beide Hände auf den Kopf der Frau. Während ich zu beten begann, spürte ich, dass sie heftig zitterte. Ich bemerkte, dass der Dolmetscher meine Worte in die Sprache der Einwohner übersetzte, damit die Leute mitbekamen, was geschah. Mit fester Stimme befahl ich dem bösen Geist oder den bösen Geistern, im Namen von Jesus Christus von Nazareth aus der Frau auszufahren.

Ich beendete mein Gebet mit einem nachdrücklichen »Amen«.

Sofort merkte ich, dass die Frau aufgehört hatte zu zittern. Als ich die Hände von ihrem Kopf nahm, wandte sie mir ihr Gesicht zu und schenkte mir ein wunderschönes Lächeln. Ihre Augen waren ruhig und klar. Sie stand auf und benahm sich so normal wie alle anderen in der Menschenmenge.

Die Leute um mich herum begannen aufgeregt miteinander zu sprechen und begeistert zu kommentieren, was sie soeben mit eigenen Augen gesehen hatten. Der Dolmetscher übersetzte mir ununterbrochen, was die Dorfbewohner sagten. Sie waren zutiefst erstaunt über die Kraft, die im Namen von Jesus lag.

Der Ehemann schüttelte mir immer wieder in grenzenloser Dankbarkeit die Hand. Ich bat den Dolmetscher, ihm zu sagen, dass Jesus derjenige war, der diese Veränderung in seiner Frau bewirkt hatte.

Zu meiner Überraschung bat mich der Mann, in sein Haus zu kommen und sein Gast zu sein. Er, seine Frau, mein Dolmetscher und ich stiegen die Zementstufen zu seinem Haus empor. Ein paar Minuten lang unterhielten wir uns angeregt. Dann überraschte er mich aufs Neue.

»Bitte, würden Sie im Namen von Jesus ein Segensgebet über unserem Haus aussprechen?«, fragte er mich.

Was für eine Gelegenheit!

Ich sprach laut mit dem Herrn und dankte ihm für die Liebe und Gnade, die er der Ehefrau dieses Mannes erwiesen hatte. Dann bat ich ihn, das Haus und die Familie zu segnen.

Als ich »Amen« sagte und in ihre dankbar lächelnden Gesichter sah, wusste ich, dass dies der wirkliche Grund dafür war, dass ich diese Reise um die Welt gemacht hatte.

Glas-Engel gesucht!

Connie K. Pombo

»Mark, bitte – komm her!«, verlangte ich.

»Einen Augenblick … ich komme gleich«, murmelte mein Mann im Nebenzimmer.

»Nein, ich brauche dich *jetzt*!«, rief ich und hoffte, dass die Nachbarn mich nicht hörten.

Als Mark ins Schlafzimmer kam, sah er mich mit einer Parfümflasche in der Hand und von Glasscherben umgeben vor der Frisierkommode stehen.

»Wie in aller Welt hast du das geschafft?«, platzte Mark heraus.

Ich brach in Tränen aus.

»Sie ist mir aus der Hand geglitten, auf der Frisierkommode gelandet und das Glas ist in tausend Stücke zerbrochen.« Ich schluchzte und sagte immer wieder: »Es tut mir so leid!«

Während Mark das Glas um mich herum auflas und so einen Weg bahnte, damit ich aus der Gefahrenzone herauskonnte, schluchzte ich: »Was machen wir denn nun?«

Zerbrochenes Glas war kein großes Problem – normalerweise! Aber das war nicht unsere Wohnung, und die antike Glasplatte auf dem Toilettentisch gehörte zu einer Sammlung von Familienerbstücken, die den Besitzern sehr viel bedeutete. Wir hüteten das Haus für ein Rentnerehepaar in Bradenton, Florida, während wir auf unsere Abreise nach Sizilien warteten, wo wir als Missionare arbeiten würden.

Wir hatten unsere Arbeitsstellen gekündigt, unsere Autos verkauft und die Flüge reserviert. Bis zu unserer Abreise aus den Vereinigten Staaten hatten wir Unterschlupf in diesem hübschen Vier-Zimmer-Häuschen gefunden. Was wir nicht eingeplant hatten, war eine »ganz alltägliche« Katastrophe.

Nachdem das Glas weggeräumt und der weiße Teppich gesaugt war, versuchten wir den Schaden abzuschätzen. Mark fuhr mit der Hand über die Mahagonioberfläche und verkündete: »Es wird ziemlich teuer werden, das zu ersetzen.«

Ich ließ mich aufs Bett fallen und weinte. »Ich glaube, wir brauchen einen Glas-Engel!«

Mark spürte, wie verzweifelt ich war. Er setzte sich neben mich und flüsterte: »Dann lass uns dafür beten, dass Gott uns einen schickt.«

Während Mark den Kopf senkte, fragte ich mich im Stillen, wie wir es schaffen sollten, eine neue Glasplatte zu bezahlen. Wir hatten kein Geld, kein Auto, kaum genügend Essen für die nächsten zwei Wochen und hockten in einem Haus, das uns nicht gehörte.

Das Haus, in dem wir untergebracht waren, war Teil einer Seniorensiedlung, und die Besitzer waren ziemlich heikel: keine Kinder, keine Tiere, kein Dreck. Als wir die Schlüssel erhielten, wurde uns eine lange Liste mit Verboten ausgehändigt. Unter anderem galt: »Keine Getränke im ganzen Haus, mit Ausnahme der Küche.« Und wir erhielten Überschuhe, die wir ständig auf den *weißen* Teppichböden tragen mussten, mit denen sämtliche Zimmer ausgelegt waren. Die meiste Zeit über lebten wir in ständiger Anspannung, vor lauter Angst, dass wir versehentlich etwas verschütten oder zerbrechen könnten.

Und jetzt war unser schlimmster Albtraum Wirklichkeit geworden.

Nachdem Mark sein Gebet beendet hatte, stand er auf und verkündete: »Wir müssen das Glas ersetzen!«

Ich nickte langsam.

Nach ein paar Momenten peinlicher Stille nahm ich die Samstagszeitung und breitete sie auf dem Toilettentisch aus, um ein Muster der Oberfläche auszuschneiden. Ich achtete genau auf jedes Detail, dann gab ich Mark die Schablone, damit er zum Baumarkt gehen und einen Kostenvoranschlag einholen konnte, wie teuer es werden würde, eine neue Glasscheibe in der passenden Größe ausschneiden zu lassen.

Sobald er aus dem Haus gegangen war, überprüfte ich noch einmal genau, ob wir wirklich alle Scherben gefunden hatten, und saugte den Teppich mehrmals ab. Auf eine Scherbe zu treten und den weißen Teppich mit Blutflecken zu beschmutzen – das durfte uns jetzt nicht auch noch passieren.

Während ich die letzten Scherben in die Mülltonne warf, ging die Haustür auf und Mark erschien mit dem Kostenvoranschlag.

Ich weiß nicht, was ich erwartet hatte, aber mit 168 Dollar hatte ich nicht gerechnet.

Ich hielt den Zettel hoch und fragte: »Wie sollen wir das jemals bezahlen?«

Mark ließ sich auf einen Stuhl fallen und antwortete nicht gleich. Ich sah, wie sich seine gerunzelte Stirn allmählich zu glätten begann.

Dann antwortete er: »Wir müssen die Johnsons anrufen und ihnen sagen, was passiert ist. Ich bin sicher, dass sie es verstehen werden.«

Mark nahm das Telefon und begann zu wählen, aber ich legte impulsiv die Hand über den Hörer.

»Was soll das?«, fragte Mark. »Es ist doch nur richtig, dass wir es ihnen sagen.«

»Ja, schon.« Ich zuckte die Schultern. »Aber können wir nicht noch ein bisschen länger dafür beten?«

Mark nahm einen tiefen Atemzug und sagte: »Okay, aber morgen nach dem Gottesdienst müssen wir sie anrufen.«

»Natürlich«, stimmte ich zu.

Am nächsten Morgen machten wir uns nach einer unruhigen Nacht auf den vier Kilometer weiten Fußmarsch zur Kirche. Schweigend kämpften wir uns in der heißen, feuchten Morgenluft voran. Als wir um die letzte Ecke bogen, hörten wir, wie der Gastprediger auf die Kanzel trommelte und rief: »Und Gott wird euch aus seinem großen Reichtum, den wir in Jesus Christus haben, alles geben, was ihr braucht!«

Er war Missionar im Kongo und fuhr fort, auf die Kanzel zu schlagen wie auf eine Trommel. Am liebsten hätte ich mich umgedreht und wäre davongelaufen, aber Mark legte mir den Arm um die Taille und führte mich in die erste Reihe.

Als der Chor das letzte Lied anstimmte und sich die Flügeltüren der Kirche weit öffneten, wusste ich, dass uns nichts übrig blieb, als uns mit unserem Schicksal abzufinden. Wir mussten die Johnsons anrufen. Wir schlichen uns hinaus und übersahen geflissentlich das Hinweisschild, das alle Besucher zum gemeinsamen Picknick nach dem Gottesdienst einlud. Ohne ein Wort zu wechseln, gingen wir nach Hause.

Als wir die Stufen vor dem Haus erreichten, brach ich die Stille mit einem Vorschlag. »Also … ich könnte Muffins backen und in der Nachbarschaft verkaufen, und du kannst Rasen mähen. Was hältst du davon?«

Marks Augen blitzten, und er grinste von einem Ohr zum anderen. »Das ist eine tolle Idee, Liebling. Wir haben nur leider kein Benzin für den Rasenmäher, und du hast gestern Abend das letzte Mehl verbraucht, um Pfannkuchen zu backen.«

Mein Herz wurde schwer, als Mark die Tür öffnete und wir in das Haus traten, das mir allmählich wie ein Gefängnis vorkam.

Sobald wir drinnen waren, ging Mark in das elegante Esszimmer, um die Johnsons anzurufen. Ich griff in meine Handtasche und wollte die Visitenkarte mit ihrer Telefonnummer herausholen. Als ich die Tasche öffnete, sah ich einen kleinen unbeschrifteten Briefumschlag, der nicht zugeklebt war. Ich machte ihn auf und sah einen grünen Schimmer.

Es war Geld – viel Geld! Zu überrascht, um ein Wort herauszubringen, begann ich die Banknoten zu zählen – es waren zum größten Teil Zwanzig-Dollar-Scheine. Als ich bei hundert Dollar angekommen war, stieß ich einen Schrei aus.

»Schau dir das an, Mark!«, rief ich und hielt das Geld hoch. »Es ist alles da – die ganzen 168 Dollar! Wir brauchen sie nicht anzurufen.«

Es ist dreißig Jahre her, seit ich die 168 Dollar in meiner Handtasche entdeckte, und das Ganze ist immer noch eines der größten Geheimnisse unseres Lebens. Kein Mensch wusste von der zerbrochenen Glasplatte, und niemand hatte die Möglichkeit, etwas in meine Handtasche hineinzustecken. Gott hatte uns alles gegeben, was wir brauchten – trotz unseres schwachen Glaubens. Wir konnten am vorgesehenen Tag unseren Flug nach Sizilien antreten und hatten all unsere Schulden bezahlt.

Wie tröstlich ist es doch zu wissen, dass Engel unter uns sind und dass ein paar von ihnen sogar die Aufgabe haben, uns dabei zu helfen, zerbrochenes Glas zu ersetzen!

Jesus ist stärker!

Jane Owen

»Danke, Herr, dass du eine Wache um unser Haus gestellt hast«, murmelte ich.

Der Himmel war pechschwarz, und eine kühlende Brise raschelte in den Kronen der Kokospalmen in unserem Garten in St. Marc, Haiti. Die Bäume wiegten sich wie gespenstische, tanzende Figuren hin und her, die uns beobachteten.

Als mein Ehemann Ron und ich unsere Kindern ins Bett brachten, beteten wir dafür, dass Gott sie bewahrte und ihnen eine gute Nacht schenkte. Die dreijährige Leah nahm ihren Bären in die Arme und schlief schnell ein, aber der elf Monate alte Aaron kam nicht zur Ruhe. Jo, ein Freundin, die aus den Vereinigten Staaten zu Besuch gekommen war, nahm ihn aus seinem Bettchen.

»Ich muss den Kleinen ein bisschen schaukeln«, sagte sie. Aaron schmiegte sich in ihre Arme.

»Ja, ich gehe mal eben duschen, solange du Aaron hältst«, sagte ich.

Das kalte Wasser erfrischte mich, und während ich unter dem weichen Wasserstrahl stand, genoss ich es, den tröstenden Klang von Jos Stimme zu hören. In die Lieder, die sie unserem Sohn vorsang, mischten sich immer wieder leise Gebete.

Als ich aus dem Bad kam, lag mein Junge in seinem Bettchen und schlief zufrieden.

»Du hast es wirklich drauf, Oma Jo.«

Sie kicherte. »Er ist so ein süßer Kerl.«

Nun ging Ron unter die Dusche, und Jo und ich traten nach draußen, um den sternklaren Himmel zu betrachten. Der Vollmond erhob sich wie ein riesiger Ballon über den Bergen.

Plötzlich wurde die Stille von ohrenbetäubendem Lärm zerrissen. Schreie. Kreischen. Rhythmische Trommelwirbel. Ein wildes Hupkonzert.

Es war wieder mal Rah-Rah-Saison.

Jo blickte die Straße hinunter auf die Menschenmassen, die uns entgegenkamen. »Ist Rah-Rah nicht die Feierlichkeit, die diese Leute anstelle der Fastenzeit begehen?«

»Ja.« Ich hatte ihr erklärt, dass dieser heidnische Kult auf die frühen Tage von »Papa Doc« Duvaliers Herrschaft über die Insel zurückging. Er hatte die Insel Haiti dem Satan geweiht und den Voodoo-Kult zur offiziellen Religion erklärt.

Jo schüttelte den Kopf. »Dieses Land hat wirklich ein widergöttliches Erbe.«

Ich legte ihr den Arm um die Schulter. »Komm, lass uns reingehen.«

Wir gingen die Stufen zum ersten Stockwerk hinauf und sahen aus dem Schlafzimmerfenster.

»Schau dir diese armen Menschen an«, sagte Jo. »Was für ein grässlicher Tumult.«

Es war das erste Mal, dass sie eine Demonstration des dämonischen Unwesens auf Haiti miterlebte. Manche Leute trugen Laternen. Sie schwangen sie wild herum und folgten ihrem Medizinmann, der seine disharmonischen Lieder sang.

Gesicht und Arme des Medizinmannes waren mit roter und schwarzer Farbe bedeckt. Sein nackter Oberkörper hatte einen öligen Glanz, und er trug einen gehörnten Kopfputz.

Jo zitterte. »Das ist ja schauderhaft.«

Gerade in diesem Moment erleuchtete die Laterne sein Gesicht.

»Jane, seine Augen sind ganz irr!«

»Unsere haitianischen Freunde haben uns erzählt, dass er verschiedene Drogen nimmt, wenn er diese Prozessionen für Satan leitet.«

Wir zuckten beide zusammen, als der Medizinmann seine Bullenpeitsche knallen ließ. Mit grotesken Bewegungen lief er neben seinen Nachfolgern auf und ab und ließ die Lederpeitsche wild über ihren Köpfen tanzen.

Ron betrat das Zimmer.

»Ihr Frauen braucht nicht zuzusehen, was der Teufel treibt«, sagte er.

»Du hast recht«, stimmte ich zu. »Ich glaube, sie gehen in die Stadt, Gott sei Dank!«

Ron und ich sahen nach den schlafenden Kindern, dann gingen wir alle nach unten. Während wir an frisch gepresstem Orangensaft nippten, fragte Jo: »Seid ihr zwei an diese Teufelsanbetung gewöhnt?«

»Ich habe mich damit abgefunden«, sagte ich. »Aber es ist manchmal trotzdem beunruhigend.«

»Wir haben Dinge erlebt, die wir uns nie hätten träumen lassen«, fügte Ron hinzu. »Es ist hart, Menschen zu sehen, die so gebunden sind.«

»Als ich vor ein paar Jahren zum ersten Mal erlebt habe, wie ein Medizinmann seine Rah-Rah-Prozession zu unserem Gartentor geführt hat, predigte Ron gerade in einer anderen Stadt«, erinnerte ich mich. »Sie haben die ganze Zeit geknallt und geschäppert. Ich fing an zu beten, und der Herr hat mir gesagt, dass ich das ›Halleluja‹ aus Händels Messias mit unserem Kassettenrekorder abspielen soll. Also habe ich die Lautstärke hochgedreht und gesagt: ›Hier kommt ein bisschen echte Lobpreismusik für dich, Satan!‹«

»Was haben sie gemacht?«, fragte Jo.

»Sie haben ihre Feier schnell woandershin verlegt«, antwortete ich.

Wir saßen schweigend beisammen, während ein paar Insekten um die nackte Glühbirne herumschwirrten, die unser Zimmer erhellte.

»Erzähl Jo doch mal, wie Jesus Leah damals auf dem Markt beschützt hat«, schlug Ron vor.

Jo lehnte sich vor. »Was ist da passiert?«

Ich holte tief Luft. »Wir waren etwa drei Wochen hier, als Carol, eine andere Missionarin, mich einlud, mit ihr auf den Markt im Stadtzentrum zu gehen. Ich nahm Leah mit und traf Carol auf halbem Weg. Sie begrüßte mich mit den Worten: ›Warum hast du Leah mitgebracht?‹

Ich fragte sie, was sie meinte. ›Vielleicht versucht jemand, sie dir wegzunehmen‹, erklärte sie mir. ›Du nimmst sie am besten in die Arme, wenn wir zum Marktplatz kommen.‹

Ich war fassungslos; dann dachte ich an Psalm 34,8 und sagte: ›Carol, der Engel des Herrn beschützt uns. Wir brauchen uns nicht zu fürchten.‹ Nachdem wir unsere Einkäufe auf dem Markt erledigt hatten, wollte Leah herunter. Da Carol noch ein weiteres Geschäft besuchen wollte, behielt ich Leah jedoch weiterhin auf dem Arm. Es war ein winziger Laden, und die Luft roch irgendwie verdorben. Als ich aus dem Augenwinkel sah, wie sich eine Frau durch die Menschenmenge direkt auf uns zu bewegte, drückte ich meine Tochter noch fester an mich. Die Frau kam auf mich zu und streckte die Hände nach Leah aus.

Sie begann zu schreien: ›Gib mir dein Baby! Gib mir dein Baby!‹ Ich schüttelte den Kopf und drehte mich um. ›Im Namen von Jesus, nehmen Sie die Hände weg von meinem Kind!‹, rief ich.

Ihre Augen weiteten sich, und sie rannte weg. Während des ganzen Vorfalls versteifte sich Leah nicht ein einziges Mal in meinen Armen, sie hielt nur den Kopf fest an meine Brust gedrückt. Ich weiß, dass der Herr ihr kleines Herz bewahrte.«

»Gott ist so gut«, setzte Ron hinzu. »Ohne seinen Schutz könnten wir hier nicht leben – ohne ihn *würden* wir hier nicht leben.«

»Bestimmt nicht«, bestätigte ich. »Habe ich dir eigentlich schon mal von Leahs Vision erzählt?«

»Das war unglaublich«, warf Ron ein. »Wir waren damals etwa vier Wochen hier, und Leah war zwanzig Monate …«

Ich erzählte die Geschichte weiter. »Wir saßen auf dem Schaukelstuhl und sangen *Jesus loves me*. Plötzlich richtete Leah sich auf und zeigte auf die gegenüberliegende Seite des Zimmers. ›Guck mal, Mammi!‹, sagte sie. ›Da ist ein Mann!‹

›Wo denn?‹, fragte ich. Ich dachte, es wäre jemand ins Haus gekommen.

›Er steht da drüben. Mammi, er ist *gro!* Er ist *belle!‹*

Ich wusste gar nicht, dass sie die kreolischen Worte für *groß* und *schön* kannte.«

»In der folgenden Woche sah sie ihn wieder«, fuhr Ron fort. »Sie benahm sich, als wäre das total normal.«

»Sie blickte einfach zur Tür hinüber und sagte mit einem breiten Lächeln: ›Der schöne Mann ist wieder da‹«, sagte ich.

»Sie hat einen Engel gesehen, oder den Herrn selbst!«, sagte Jo. »Das ist auch der Grund, warum sie auf dem Markt keine Angst hatte.«

Ich trank meinen Orangensaft aus und schwieg einen Moment. Dann sagte ich: »Ich würde dir gern noch ein anderes Erlebnis erzählen. Der Herr hat uns beigebracht, wie wir den dämonischen Kräften hier widerstehen können.«

Jo wickelte sich ihren Schal um die Schultern. Die Nachtluft war kühl, aber ruhig – zu ruhig. Jo wartete darauf, dass ich fortfuhr.

»Ich war schwanger mit Aaron. Ron und ich hatten Leah schlafen gelegt; dann gingen wir auch ins Bett, obwohl es noch früh war. Wir hatten Heimweh nach unseren Familien …«

Ron erklärte: »Wir wussten, dass Gott uns nach Haiti geführt hatte, aber wir verstanden nicht, wieso …«

»Was war das?«, unterbrach ich ihn, als ich sah, dass sich vor unserem Fenster etwas bewegte. Seltsamerweise brachte es die Markise zum Vibrieren, dann war es weg.

»Es ist wahrscheinlich der Wind, Jane.« Ron wandte den Kopf. »Erzähl weiter, was in der Nacht passiert ist.«

»Wie gesagt, wir waren im Bett und hatten angefangen zu beten. Plötzlich bekam ich keine Luft mehr, wie wenn mich irgendjemand oder irgendetwas würgte. Ich setzte mich auf und begriff, dass Ron ebenfalls damit zu kämpfen hatte. Er sagte keuchend: ›Jesus!‹«

»Als es vorbei war, waren wir fix und fertig«, sagte Ron.

»Aber«, ergänzte ich, »sein Name hat uns geschützt.«

Ron streckte sich und gähnte. »Das ist ein gutes Stichwort, um ins Bett zu gehen.«

Wir stiegen die Treppe hinauf, und Jo sagte: »Ich sehe noch mal nach den Kindern.«

Als sie an unserem Schlafzimmer vorbeikam, flüsterte sie: »Sie schlafen wie kleine Lämmer. Dann bis morgen früh.«

Ron und ich gingen ins Bett. Bald darauf hörte ich ihn schnarchen. Ich begann ebenfalls einzudämmern, aber einen Augenblick später war ich hellwach.

Etwas stimmte nicht.

War das Jos Tür?

Als ich in den Flur starrte, hatte ich den Eindruck, dass ein schreckliches Wesen die Treppe hinaufschwebte! Panik kroch mir den Rücken hinauf. Ich roch einen widerlichen Gestank, wie von einem glimmenden Feuer.

Entsetzt sah ich zu, wie dieses dunkle Etwas sich aufs Kinderzimmer zubewegte. Ich schüttelte Ron wach.

»Da ist … da ist was …«, keuchte ich, während ich zu Leah und Aaron stürzte.

Ron sprang aus dem Bett. »Hilf uns, Jesus!«

Ron versuchte die Kinderzimmertür aufzudrücken. Sie stand einen Spalt offen, aber sie ließ sich nicht weiterbewegen. Mein Mund war trocken und meine Lippen waren wie ausgedörrt. Ich schluckte schwer.

Ron drückte wieder gegen die Tür. Jetzt öffnete sie sich, und wir sahen unsere beiden Lieblinge. Sie schliefen immer noch. Ron durchsuchte den Schrank und schaute unter Leahs Bett. Dann trat er zu der Tür, die zum Balkon führte. Sie war abgeschlossen. Als er sie öffnete, sah er nichts, aber der beißende Geruch hing in der Luft.

»Es muss hier durchgekommen sein«, sagte Ron. »Gott sei Dank, es konnte nicht bleiben!«

Wir wechselten uns während der restlichen Nacht mit dem Schlafen ab und dankten dem Herrn für seine Bewahrung.

Am nächsten Morgen sagte Jo, als sie zum Frühstück kam: »Der Teufel hat letzte Nacht versucht, mich zu erschrecken.«

Ich schaute Ron an. »Hast du etwas gesehen, Jo?«

»Ich hatte den Eindruck, dass ein hässliches Wesen die Treppe hochgekommen ist.«

Jo sah Ron an. »Hast du es auch gesehen?«

»Nein, aber ich konnte es riechen«, erwiderte er. »Der Geruch war schrecklich, wie beißender Rauch.«

Jo schaute uns eindringlich an. »Ich glaube, es kam wegen der Kinder.«

»Ja, bestimmt«, sagte ich. »Mehrere haitianische Freunde haben uns ermahnt, wachsam zu sein und gut auf Leah und Aaron aufzupassen.«

»Warum habt ihr mich nicht gerufen?«, wollte Jo wissen.

»Wir dachten, du würdest schlafen«, sagte ich. »Es ging alles so schnell.«

»Und wir wollten dich nicht beunruhigen«, setzte Ron hinzu.

»Komisch, dass ich euch nicht gehört habe.« Sie rührte ihren Kaffee um. »Nachdem ich diesen Dämon gesehen hatte, habe ich die ganze Nacht gebetet.«

In diesem Moment kam Leah die Treppe herunter. Sie lächelte breit, während sie auf Jos Schoß kletterte.

»Aaron ist auch wach«, sagte sie kichernd.

Ich wusste, dass Gott uns alle bewahrt hatte. Unser Vertrauen in ihn war stärker gewesen als alle Ängste, die der Feind uns einzuflößen versucht hatte. Während ich meinen Blick über meine Lieben am Tisch schweifen ließ, sagte ich: »Der Feind mag vielleicht starke Geschütze auffahren – aber Gottes Schutz ist stärker!«

Das Rätsel der verschlossenen Tür

Jonathan Reiff

Am Tag meines Collegeabschlusses im Juni 1960 war ich bereit, mich in die Welt zu stürzen. Noch am selben Nachmittag trat ich mit einem kernigen »Yes, Sir!« meinen Dienst in der amerikanischen Armee an.

Ich hatte an der *Harvard University* studiert und im Hauptfach Internationale Politik bei Dr. Henry Kissinger belegt.

Mein Vater, Dr. Harry Reiff, war Professor für Internationales Recht an der *St. Lawrence University* in Canton, New York. Seine Eltern waren russische Einwanderer und hatten versucht, ihn vom Collegebesuch abzuhalten. Trotz ihres Widerstandes arbeitete mein Vater hart und erhielt ein Stipendium der *Harvard University*. Natürlich wollte er, dass seine Söhne – mein Bruder Daniel und ich – dieselbe gute Ausbildung genossen.

Neben meinem Studium der Internationalen Politik hatte ich mich für das ROTC-Programm eingeschrieben, einen Ausbildungskurs für Reserveoffiziere der amerikanischen Armee. Also absolvierte ich in jenem Sommer ein Offizierstraining, eine Ranger-Ausbildung und einen Fallschirmspringerkurs in Fort Benning, Georgia, und konnte es kaum erwarten, meinem Land als Offizier zu dienen.

Nachdem ich alle Trainingseinheiten absolviert hatte, wurde ich einer Panzerdivision in Westdeutschland zugeteilt.

Am 13. August 1961 sperrte die DDR-Regierung Ostberlin ab und begann mit dem Bau der Berliner Mauer. Sie trennte die Stadt Berlin in zwei Teile: zwei Drittel entfielen auf den westlichen und ein Drittel auf den Ostteil der Stadt.

Ein großer Teil von uns Soldaten wurde am selben Tag nach Berlin geschickt, damit wir die Stadt verteidigen konnten, falls die Ostdeutschen oder die Russen sie angreifen würden. Die zehntausend amerikanischen Soldaten, die in Berlin stationiert waren, wurden »Die Berlin-Brigade« genannt.

Checkpoint Charlie war ein berühmter Grenzübergang, an dem die Russen Amerikaner daran hinderten, nach Ostberlin zu gelangen. Zum damaligen Zeitpunkt unternahmen viele Menschen, die dem kommunistischen Regime in Ostberlin entgehen wollten, dramatische Fluchtversuche: Es gab Lkw, die durch die Berliner Mauer brachen, Kleinwagen, die unter den Schlagbäumen hindurchfuhren, wenn die Grenzsoldaten nicht hinsahen, Urlauberboote voller Menschen, die über den Fluss fliehen wollten, Leute, die über Hochspannungszäune kletterten, und andere, die aus Fenstern in den oberen Stockwerken sprangen, um auf Westberliner Boden zu landen.

Die Stadtfläche von Berlin hatte einen Durchmesser von sechzig Kilometern und umfasste Wälder und Seen, in denen die amerikanischen Streitkräfte trainierten. Als Infanterieleutnant nahm ich im Herbst und Winter an einer Reihe von Militärübungen teil.

Während einer kalten Winterwoche befanden wir uns auf einem besonderen Trainingsmanöver im Wald, das uns darauf vorbereitete, Berlin zu verteidigen. Während dieser ganzen Woche schliefen wir in Schlafsäcken im Schnee, unter freiem Himmel.

Nach einigen Tagen spürte ich, dass ich ernsthaft krank war. Ich konnte kaum essen, daher trank ich möglichst viel Milch, um genügend Energie zu behalten. Während des Manövers hatte ich große Schmerzen, aber da ich als Offizier zu dieser Übung verpflichtet war, hielt ich den ganzen Tag durch und oft sogar die ganze Nacht.

Nachts machten wir häufig lange Fußmärsche. Da ich so wenig gegessen hatte, war ich schwach und hatte Gewicht verloren. Meine Uniform schlotterte an mir herum. Aber ich sagte niemandem, wie schlecht ich mich fühlte. Ich hatte die Absicht, mich von einem Arzt untersuchen zu lassen, wenn das Manöver zu Ende war.

Als wir am Freitagabend in unsere Kaserne zurückkehrten, wurde meine Kompanie in Alarmbereitschaft versetzt, um gegebenenfalls gemeinsam mit einer Panzerkompanie auszurücken. Eventuell mussten wir gegen die Russen vorgehen, die die Autobahn nach Berlin blockiert hatten. Es konnte auf einen Kampfeinsatz hinauslaufen. Ich wusste, wenn es zum Einsatz kam, würden wir am Samstagmorgen mit Panzern ausrücken, die mit Planierschilden ausgerüstet waren. Wenn nötig, würden wir die russischen Panzer von der blockierten Autobahn herunterschieben.

Ich wusste, dass es in diesem Fall meine Pflicht sein würde, meine Soldaten zu begleiten, darum entschloss ich mich, an jenem Abend nicht zum Militärkrankenhaus zu gehen. Ich war todmüde und so erschöpft, dass ich mich kaum bewegen konnte. Ich suchte meine Offiziersunterkunft auf und legte mich sofort ins Bett.

Wir unverheirateten Offiziere lebten in Betonbauten, und unsere Wohnungstüren waren aus dickem Stahl. Wir öffneten diese schweren Türen mit einem Schlüssel, und sie wurden automatisch verschlossen, wenn wir sie zumachten.

Mitten in der Nacht stand ich auf, um zur Toilette zu gehen, und wurde ohnmächtig. Als ich aufwachte, lag ich im Flur auf dem Rücken und empfand einen stechenden Schmerz in meiner linken Seite. Ich versuchte mehrmals aufzustehen, aber jedes Mal, wenn ich den Kopf hob, verlor ich das Bewusstsein, ehe ich mich bewegen konnte. Wegen des heftigen Schmerzes in meiner linken Schulter vermutete ich, dass ich einen Herzanfall gehabt hatte.

Jedes Mal, wenn ich den Kopf bewegte, wurde ich ohnmächtig. Darum konnte jeder Moment der letzte sein, in dem ich bei Bewusstsein war. Ich musste schnell Hilfe holen! Ich blieb auf dem Rücken liegen und schob mich mit den Füßen den Flur hinunter zum Wohnzimmer, wo das Telefon auf dem Tisch stand.

Da ich es nicht erreichen konnte, zog ich es an seiner Schnur vom Tisch herunter und hoffte, dass es nicht kaputtging. Es gelang mir tatsächlich, es aufzufangen. Es war dunkel im Raum, und ich konnte nichts sehen. Darum musste ich es irgendwie fertigbringen, mit der Wählscheibe die Buchstaben und Nummern zu wählen, ohne sie zu sehen.

Es dauerte eine Zeit, aber glücklicherweise gelang es mir, mich an die Nummer meines Freundes Leutnant Bob Sand zu erinnern und sie zu wählen. Als er abnahm, sagte ich: »Bob, du musst herkommen und mich ins Krankenhaus bringen. Ich glaube, ich habe einen Herzanfall gehabt.«

Etwa eine Viertelstunde später stürzte Bob in meine Wohnung. Er trug mich zu seinem Auto und raste direkt zum Krankenhaus. Die Ärzte stellten fest, dass ich einen Milzriss hatte. Meine Milz war auf die Größe eines Fußballs angeschwollen. Sie operierten mich sofort. Nachdem ich vier Monate im Krankenhaus und in der Rehaklinik verbracht hatte, konnte ich meinen Dienst als Offizier wieder antreten.

Wie kann man erklären, wie Bob es geschafft hat, in jener Nacht, als ich dringend Hilfe brauchte, in meine Wohnung zu gelangen? Direkt durch eine schwere Eisentür hindurch, die immer verschlossen war?

Wenn Bob nicht imstande gewesen wäre, diese schwere Tür zu öffnen, wäre ich wahrscheinlich innerhalb kurzer Zeit gestorben. Der einzige Ersatzschlüssel befand sich in der Technikerzentrale in einem anderen Stadtteil. Und es war unwahrscheinlich, dass der diensthabende Offizier den Schlüssel an einem Freitagabend bekommen hätte, an dem so viele Soldaten Ausgang hatten.

Gibt es eine andere Erklärung als die, dass Gott einen Engel geschickt hat, um an jenem Freitagabend in Berlin die schwere Stahltür aufzuschließen?

Ich glaube, das ist die einzige Erklärung dafür, dass ich diese Katastrophe überstanden habe und heute am Leben bin.

Späte Vergebung

Anneliese Jawinski (nacherzählt von Ingrid Shelton)

Als ich eines Morgens in aller Frühe erwachte, hatte ich den Eindruck, dass irgendetwas nicht stimmte. Ein seltsames Gefühl durchströmte mich. Mir wurde bewusst, dass ich langsam aufstand, aber mein Körper blieb auf dem Bett liegen.

Mein Blick richtete sich auf die Glühbirne in der Mitte der Zimmerdecke. Aus ihrem Licht heraus blickte mir ein Gesicht entgegen. Es war das Gesicht meiner Mutter. Sofort begann ich zu zittern. War das ein Albtraum? Nein, ich wusste, dass das wirklich passierte, dass es nicht nur ein Traum war. Große Furcht erfasste mich.

»Aber meine Mutter ist tot!«, rief ich entsetzt. »Ist sie gekommen, um mich zu holen? Verlasse ich jetzt diese Erde? O Gott, bitte – ich will nicht gehen. Ich habe noch so viel zu tun«, flehte ich.

»Du hast deiner Mutter nicht vergeben«, stellte eine ruhige Stimme fest.

»Ich dachte, ich hätte ihr vergeben«, antwortete ich schwach. »Es ist erst ein paar Monate her, aber ich habe es getan. Ich habe ihr vergeben.«

Schon während ich die Worte aussprach, durchfuhr mich eine Welle von Angst und Schmerz.

Im Januar 1945 hatte ich im Alter von dreizehn Jahren meine Heimat in Polen verlassen. Mein Vater war gestorben, als ich drei Jahre alt war, und meine Mutter hatte wieder geheiratet. Weder meine vier Brüder noch ich mochten unseren Stiefvater. Zu meinen Brüdern war er besonders grausam. Er schlug sie, obwohl meine Mutter neben ihm stand, und sie versuchte noch nicht einmal, ihn davon abzuhalten.

Lag meiner Mutter etwas an uns?, hatte ich mich gefragt. *Warum hat sie zugelassen, dass ihr Mann meine Brüder schlug, obwohl sie gar nichts falsch gemacht hatten?* Gegen mich war mein Stiefvater nicht gewalttätig, doch wegen meiner Brüder litt ich sehr. Daher verbrachte ich viel Zeit bei meiner Großmutter, die in der Nähe wohnte, oder bei der Familie meiner besten Freundin. Sie schenkten mir die Liebe, die ich zu Hause nicht bekam.

Meine beiden älteren Brüder wurden als Teenager zur deutschen Wehrmacht eingezogen. Mein dritter Bruder verließ uns ebenfalls, um in einem Jugendlager zu wohnen. Nur mein jüngster Bruder Edmund lebte noch bei uns. Um nichts in der Welt wollte ich länger zu Hause bleiben.

»Ich gehe auch«, sagte ich zu Edmund. »Bitte, komm mit. Lass uns zusammenbleiben«, flehte ich, aber er hatte Angst.

»Dann gehe ich eben allein«, sagte ich. Hass auf meine Mutter füllte mein Herz, und ich konnte nicht schnell genug wegkommen. Zuerst zog ich in eine Stadt in der Nähe eines freundlichen Ehepaars, das ich kannte. Sie nahmen mich auf wie eine eigene Tochter, und ich fühlte mich geliebt.

Aber ich merkte bald, dass ich nicht auf Dauer bleiben konnte. Innerhalb weniger Wochen war die russische Armee nahe an unser Gebiet herangerückt, und ich hörte schweres Artilleriefeuer. Ich hatte Angst vor den Russen, darum wollte ich fliehen, bevor sie unsere Stadt erreichten.

Ein fünfzehnjähriges Nachbarmädchen wollte ebenfalls in den Westen nach Deutschland, daher beschlossen wir, sofort aufzubrechen. Erst einen Tag zuvor war Jack, ein siebzehnjähriger Junge, in ihr Haus gekommen. Er war von der deutschen Wehrmacht eingezogen worden, aber er war desertiert.

»Ich kann euch helfen, nach Deutschland zu kommen«, bot er an. »Ich kenne Möglichkeiten, wie man hier herauskommt. Aber ihr müsst meine Vergangenheit geheim halten, sonst werde ich von den Nazis erschossen.«

Wir halfen ihm, seine Uniform im Garten zu vergraben. Dann packten wir etwas Ersatzkleidung für uns in einen kleinen Rucksack und eilten zum Bahnhof. Züge fuhren nur gelegentlich, und sie waren alle voller deutscher Soldaten, die sich auf dem Rückzug vor der russischen Armee befanden. Wir beschlossen, uns zu Fuß auf den Weg nach Westen zu machen und den Gleisen zu folgen. Ich war klein für mein Alter und wurde rasch müde. Daher trug Jack mich oft auf dem Rücken.

Jack lauschte immer nach einem Zug, der Richtung Westen fuhr. Wenn einer kam, zeigte er uns, wie wir von unten auf die Waggons springen und uns dort festhalten konnten. Bald wurden wir geschickt darin, auf fahrende Züge aufzuspringen. Jack wusste auch, wo man in Häusern, die von ihren Besitzern verlassen worden waren, Essen finden konnte.

Drei Tage später erreichten wir den Berliner Hauptbahnhof, und unsere Wege trennten sich. Ein Mitarbeiter des Roten Kreuzes brachte mich zu einer freundlichen Bauernfamilie, die mich wie eine Tochter behandelte. Ich dachte oft an meine Brüder, aber meine Mutter vermisste ich nicht. Ich empfand ihr gegenüber immer noch Bitterkeit, strich sie aus meinen Gedanken und verlor jeden Kontakt mit ihr.

Im Laufe der Jahre spürte ich alle meine vier Brüder auf, und wir stehen seither in Verbindung miteinander. Ich habe jedoch niemals versucht, meine Mutter zu finden. *Ihr lag nichts an mir, warum sollte mir also etwas an ihr liegen?*, sagte ich mir.

Ein paar Jahre später heiratete ich, und 1955 wanderten mein Mann und ich nach Kanada aus. Viele Jahre vergingen. Eines Tages erzählte mir mein jüngster Bruder Edmund, dass meine Mutter mich wirklich vermisst hätte, nachdem ich davongelaufen war.

»Sie hat sich viele Nächte lang in den Schlaf geweint und hat immer gehofft, dass du irgendwie Kontakt mit ihr aufnehmen würdest«, berichtete er. »Sie wollte wissen, ob es dir gut ging. Sie wollte dir sagen, wie sehr sie es bedauerte, dass sie ihre Gefühle nie gezeigt hat. Und sie glaubte, dass sie dich aus dem Haus getrieben hätte. Deshalb machte sie sich schwere Vorwürfe. Sie sehnte sich so sehr danach, dich wiederzusehen, vor allem vor ihrem Tod.«

Die Bitterkeit, die ich meiner Mutter gegenüber empfunden hatte, wurde schwächer, als ich hörte, wie sie ihre letzten Lebenstage verbracht hatte. Ich begriff, dass sie nicht gewusst hatte, wie sie ihre Liebe zeigen sollte. Es war nicht so gewesen, dass ich ihr nichts bedeutet hätte, aber sie hatte versucht, es ihrem neuen Mann recht zu machen.

»Ich vergebe dir, Mama«, hatte ich geflüstert, als ich an ihrem Foto vorbeiging, das ich schließlich in meinem Haus auf den Kaminsims gestellt hatte. Die Worte waren nicht wirklich aus meinem Herzen gekommen, aber sie bewirkten, dass ich mich besser fühlte.

Nun, als ich dort in der Luft hing, jagte mir das traurige Gesicht meiner Mutter, das sich im Deckenlicht spiegelte, einen Schauer über den Rücken.

Wieder hörte ich die Stimme. »Du hast ihr nicht wirklich vergeben. Du hast nur die Worte gesagt. Du musst ihr von ganzem Herzen und ganzer Seele vergeben.«

Es versetzte mir einen Stich, als ich erkannte, dass meine Vergebung nicht echt gewesen war. »Gott, ich vergebe ihr. Ich vergebe ihr wirklich!«, rief ich. »Bitte erlaube mir, meine Arbeit hier auf der Erde fortzusetzen«, flehte ich.

Ich hörte die Stimme kein weiteres Mal, aber ich spürte, dass ich zurück in meinen Körper gezogen wurde, und ich wusste, dass ich weiterleben würde. Sofort sprang ich vom Bett auf und rannte zum Kamin, um das Bild meiner Mutter anzuschauen. Plötzlich sah ich sie in einem anderen Licht. Ich erinnerte mich wieder daran, was mein Bruder Edmund mir über meine Mutter erzählt hatte.

»Mama, ich vergebe dir. Ich vergebe dir von ganzem Herzen«, sagte ich wieder und wieder. Einige Minuten lang stand ich einfach da und schaute auf ihr Bild. Tränen liefen über mein Gesicht, und mein Herz streckte sich voller Liebe nach ihr aus. Dann wurde ich von tiefem Frieden erfüllt, und ich fühlte mich so frei, als sei mir eine schwere Last von den Schultern genommen.

Als ich wieder ins Schlafzimmer ging, war das Gesicht meiner Mutter aus der Deckenlampe verschwunden.

Warum hat Gott mir erlaubt, das Gesicht meiner Mutter zu sehen?, fragte ich mich. *War es, damit ich lernen konnte, so zu vergeben, wie Gott vergibt?*

Was auch immer der Grund war – heute freue ich mich darauf, meine Mutter in der Ewigkeit wiederzusehen. Dann können wir viel Zeit miteinander verbringen und unsere neue, liebevolle Beziehung zueinander genießen.

Das glänzende Abendkleid

Connie Brown

Ich strich mir eine Strähne meines mausgrauen Haares aus den Augen, biss mir auf die Unterlippe und wischte noch einmal über die Küchentheke. Die besten Freunde meines Mannes aus seiner Collegezeit würden jeden Moment zum Abendessen kommen.

Ich hatte den ganzen Tag lang gekocht, geputzt und die Kinder hin und her gescheucht. Wo kamen nur die vielen Fingerabdrücke her, die sich überall fanden? Warum hatten wir das Haus nicht frisch gestrichen? Ich hoffte, dass die Martins die Flecken auf dem Teppich nicht entdeckten.

Zwei Kinder stürmten durch die Küche, gefolgt von einem bellenden Cockerspaniel. Es klingelte an der Tür. Ich deckte den Auflauf ab und schob ihn zurück in den Ofen.

Bitte schenk, dass dieser Abend gut verläuft, Herr.

Ich war schweißgebadet und schrecklich nervös, aber ich zwang mich zu einem Lächeln. Ich hoffte, dass ich mich bald hinsetzen und wieder zu Atem kommen konnte.

Bereit oder nicht …

Wir hatten Davids Collegefreunde nicht mehr gesehen, seit wir vor fünfzehn Jahren in einen anderen Bundesstaat gezogen waren. Das war lange bevor Kinder unser Haus und unser Leben mit einem Haufen Haustieren, Projekten, Krimskrams und Gelächter zu füllen begannen.

Nachdem ich John und Sara Martin hereingebeten hatte, schlossen ihre beiden Kinder und unsere vier sofort Freundschaft. Ich beneidete sie um ihre Unkompliziertheit. Ich war immer schüchtern und nervös gewesen, wenn ich mit Leuten zu tun hatte, die ich nicht gut kannte. Ich war erleichtert, als David endlich nach Hause kam und die Verantwortung für das Gespräch übernahm, damit ich in der Küche das Essen fertigstellen konnte. David freute sich so über das Wiedersehen. Er war sogar zum ersten Mal seit Wochen früher nach Hause gekommen, was angesichts seiner verantwortungsvollen Tätigkeit viel bedeutete.

Die Martins machten gerade eine ausgedehnte Reise und besuchten auf ihrem Weg von Kalifornien an die Ostküste Verwandte und alte Freunde. Sie waren selbstständig gewesen und hatten täglich viele Stunden von zu Hause aus gearbeitet, bevor sie ihr Geschäft verkauft hatten. Nun befanden sie sich auf einer wohlverdienten Urlaubsreise, fuhren mit einem Wohnmobil über Land und machten unterwegs bei Angehörigen und Freunden Station. An diesem Wochenende waren wir an der Reihe, sie in unserem Haus in Colorado zu beherbergen.

Während die Martins redeten, lächelte John Sara oft an, nahm ihre schmale Hand oder legte den Arm um ihre Taille. Ich stopfte meine Hände mit den schlecht gepflegten Fingernägeln in die Taschen meiner Jeans und ging in die Küche, um nach dem Auflauf zu sehen. Da ich mich um vier lebhafte Kinder kümmern musste, Abendkurse besuchte und ehrenamtlich in der Kirchengemeinde und in der Grundschule arbeitete, hatte ich wenig Zeit für Ausflüge in den Kosmetiksalon oder das Nagelstudio.

Als das Essen fertig war, fütterten wir die Kinder zuerst ab und setzten sie dann im Wohnzimmer vor den Fernseher, damit wir uns ungestört unterhalten konnten.

Wir aßen bei Kerzenlicht, und David und seine beiden Collegefreunde tauschten sich darüber aus, wie sich ihr Leben seit damals entwickelt hatte. Als sie sich gegenseitig auf den neusten Stand gebracht hatten, fingen sie an, sich an Streiche und Geschichten zu erinnern, die sie während ihrer vier gemeinsamen Studienjahre erlebt und ausgeheckt hatten. Ich hörte zu, lächelte und nickte von Zeit zu Zeit. David und ich hatten uns erst nach dem Collegeabschluss kennengelernt. Die meisten ihrer Erinnerungen hörte ich zum ersten Mal.

»Stell dir mal vor, was passiert wäre, wenn du dich an diesem Abend, als wir das doppelte Date hatten, für Sara statt für Carla entschieden hättest«, sagte John. »Stattdessen sind wir beide jetzt zusammen. Und ich habe die beste Frau der Welt bekommen.«

Saras Wangen verfärbten sich zu einem attraktiven Rosa, während beide Männer sie bewundernd anstrahlten. David kam nicht auf die Idee, nun seinerseits etwas Nettes über mich zu sagen. Er war eher der praktisch veranlagte Typ, und romantische Worte kamen ihm nicht so leicht über die Lippen.

Ich wünschte, ich könnte sagen, dass ich das Schweigen meines Mannes mühelos wegsteckte, während die beiden Männer Sara anhimmelten und dann zu einer neuen Geschichte übergingen. Aber mein Selbstwertgefühl befand sich in jenem Jahr auf dem Tiefpunkt. Ich versuchte gleichzeitig, vier Kinder großzuziehen, abzunehmen und den Collegeabschluss nachzuholen. David und ich hatten uns oft wegen seiner Überstunden, der Kinder und des Geldes gestritten. Er hatte mich seit langer Zeit nicht mehr so angesehen, wie er Sara jetzt ansah. Dies versetzte mir einen Stich und traf einen wunden Punkt in meinem Herzen.

Ich nahm ein paar leere Teller, zog mich in die Küche zurück und begann sie abzuwaschen. Mein langes Haar fiel über meine Augen, die sich mit Tränen zu füllen begannen. David bot mir an zu helfen, als er mehr Geschirr hereinbrachte und auf die Anrichte stellte, aber ich bedeutete ihm mit einer Handbewegung, dass er zu seinen Freunden zurückgehen sollte. Schließlich sahen die drei nach den Kindern und steckten sie in Pyjamas und Schlafsäcke.

Aus meinen Augen flossen inzwischen kleine Rinnsale. Ich flüchtete mich ins Schlafzimmer, während die anderen mit den Kindern beschäftigt waren, verkroch mich unter der Bettdecke und begann zu beten. Zehn Minuten vergingen, vielleicht fünfzehn, und ich fühlte mich immer noch nicht imstande, irgendjemandem zu begegnen. Ich wollte mich einfach nur verstecken.

Wie konnte ich den Nachtisch servieren, wenn ich nur noch weinen wollte?

Hilf mir, Herr.

Schließlich hörte ich David und die Martins im Wohnzimmer miteinander reden. Ich wusste, dass ich mich allmählich wieder zu ihnen gesellen musste. Also rappelte ich mich wieder mühsam auf.

Ich fühlte mich wie das Stiefkind, das ich in meinen ersten Lebensjahren gewesen war – jemand, der nie wirklich zu den lachenden Menschen am Esstisch gehören konnte, jemand, der nicht gut genug war.

Licht fiel durch unser Schlafzimmerfenster. Ich ließ mich davon bescheinen und blickte hinaus auf die Rocky Mountains. Sternenlicht überflutete die Prärie Colorados und die schneebedeckten Gipfel in der Ferne. Ich konnte mich kaum von dem Anblick losreißen. Es war wunderschön.

Es tut mir leid, Herr. Du hast so viel für mich getan. Ich hatte eine unglückliche Kindheit und bekam nur abgelegte Kleidung, aber du hast mir einen Mann geschenkt, der mich liebt ... und Kinder ... und ein Zuhause. Du hast mir so oft geholfen. Hilf mir noch einmal, das Richtige zu tun. Hilf mir, dir und anderen zu dienen – hier und jetzt.

Ich blieb noch einen Moment lang im Sternenlicht stehen und atmete langsam aus. Bevor ich mich dazu zwingen konnte, zurück zu unseren Gästen zu gehen und meine Rolle als Gastgeberin zu übernehmen, spürte ich, wie sich etwas über mich legte. Ich hatte das Gefühl, ein glänzendes Abendkleid zu tragen, das schöner war als alles, was ich jemals an einem Filmstar oder an Aschenputtel gesehen hatte.

Ich blickte an mir herab. Ich konnte das Kleid nicht sehen, aber ich spürte es, und es fühlte sich wunderbar an. Ich fühlte mich darin schön und reich. Ich fühlte mich sauber, wertgeschätzt und geliebt. Ich war kein tollpatschiges, schmutziges

Kind. Zum ersten Mal in meinem Leben fühlte ich mich wie eine Königstochter.

So muss es sich anfühlen, wenn man Christus angezogen hat, dachte ich, während ich mir das Gesicht und die Augen wusch. Ich konnte lächeln. Sogar meine Augen konnten lächeln. Gott hatte mein Gebet wirklich erhört.

Ich glaube, für den Rest des Abends schwebte ich beinahe durchs Haus, während ich Kuchen und Kaffee servierte. Ich klinkte mich sogar hin und wieder in das fröhliche Geplänkel ein.

Seit jenem Abend bete ich manchmal dafür, dass ich mich noch einmal in diesem wunderschönen Kleid sehen kann. Auch wenn das bisher nicht eingetroffen ist, weiß ich nun, dass Gott mich so sieht.

Es erfüllt mich mit Staunen und Ehrfurcht, dass wir als Kinder Gottes in seinen Augen schön sind – trotz unserer vergangenen oder gegenwärtigen Verletzungen und Nöte. Er sieht uns im Glanz und in der Schönheit von Jesus. Wenn ich daran denke, hebe ich unwillkürlich den Kopf.

Und wenn ich mich auf den Weg mache, um ihm und anderen zu dienen, lächeln sogar meine Augen.

Jenseits der Angst

Kristin H. Carden

Schweiß floss vom Operationstisch hinunter. In der Entfernung nahm ich aufgeregte Stimmen wahr, und irgendjemand setzte mich auf, um mir das Nachthemd vom Leib zu reißen.

Ich hörte das wilde Piepen des Herzmonitors. Ich stand in Flammen. Ich war erst sechzehn Jahre alt. Ich hatte mir die Nase gebrochen und sie sollte operativ gerichtet werden – eine harmlose Routineangelegenheit. Aber ich hatte das Gefühl, dass ich sterben würde. Kurz darauf war ich klinisch tot.

Als kleines Kind hatte ich viele Ängste gehabt. Ich fürchtete mich im Dunkeln. Ich hatte Angst vor Feuerwerk. Ich fürchtete mich davor, allein zu sein. Dies sind Ängste, mit denen viele Kinder zu kämpfen haben. Meine Eltern beteten mit mir und lasen mir Bibelstellen vor, um mich zu trösten, aber ich war trotzdem von Furcht geplagt.

Als ich älter wurde, nahmen meine Ängste noch zu. Sie begannen mich regelrecht zu lähmen. Ich hatte solche Angst vor dem Tod, dass ich keine Luft mehr bekam, wenn ich nur daran dachte. Natürlich fürchtete ich mich davor, durch den Tod irgendjemanden zu verlieren, den ich liebte, aber noch mehr Angst hatte ich um mich selbst.

Die Angst vor dem großen Unbekannten brachte mich oft um den Schlaf und quälte mich so sehr, dass ich mich nächtelang rastlos im Bett herumwälzte. Auch mein Glaube an den Himmel tröstete mich kaum. Der Gedanke an die Ewigkeit machte mich fertig.

Mit anderen zu spielen oder Sport zu treiben, bereitete mir wenig Freude. Ich lebte fast nur in meiner eigenen Fantasiewelt. In dieser Welt fühlte ich mich sicher und verspürte keine Angst.

Aber um den Sportunterricht in der Schule kam ich nicht herum. Das Unglück ereilte mich, als wir Softball spielen mussten. Ich stellte mich ins Außenfeld, damit ich ungestört meinen Fantasien nachgehen konnte. Leider musste mein Team darunter leiden, denn ich verpasste den Ball, der in meine Richtung geflogen kam und irgendwo links von mir landete.

Meine Sportlehrerin stieß in ihre Trillerpfeife und rief mich mit durchdringender Stimme zu sich hinüber. Sie erinnerte mich in bissigem Ton daran, dass ein Grundprinzip des Softballspiels darin bestand, den Ball im Auge zu behalten. Dann forderte sie mich auf, in der Nähe zu bleiben und die Position einer Fängerin einzunehmen.

Wieder verpasste ich meinen Einsatz, und irgendwie geriet mein Gesicht in den Weg eines Schlägers. Die Gewalt des Schlages, der meine Wange traf, warf mich zurück auf die Tribüne, wo ich wie ein Stein liegen blieb.

Als ich mich erhob, sah ich mit verschwommenem Blick, wie meine Klassenkameraden und meine Lehrerin um mich herumstanden. Meine aufgebrachte Lehrerin befahl mir, ins Büro zu gehen und mir einen Eisbeutel geben zu lassen. Sie bemerkte nicht, dass ich mir den Wangenknochen gebrochen und eine Gehirnerschütterung erlitten hatte. Überflüssig zu sagen, dass ich am nächsten Tag mit einem Brief meiner Mutter in die Schule kam, in dem sie verlangte, dass ich bis auf Weiteres vom Sportunterricht freigestellt wurde.

Ich war froh über die Unterbrechung; ich konnte wieder in meine Traumwelt abdriften. Aber meine Sportlehrerin setzte mich in die oberste Tribünenreihe und erteilte mir die klare Anweisung, mich »darin zu üben, den Ball im Auge zu behalten«.

Ich war der Meinung, dass ich den Ball im Auge hatte. Aber er kam aus dem Nichts heraus angeflogen und landete direkt auf meiner Nase, was zur Folge hatte, dass ich von der Tribüne fiel.

Es war kein guter Tag.

167

Meine gebrochene Nase führte dazu, dass ich schlecht Luft bekam. Mein Leben, mit dem ich ohnehin schlecht zurechtkam, wurde noch schwieriger. Vier Jahre lang litt ich unter dieser Behinderung, bis schließlich die Entscheidung getroffen wurde, dass ich operiert werden musste.

Ich hatte furchtbare Angst vor der Operation, aber meine gebrochene Nase war mir noch verhasster. Man versicherte mir immer wieder, dass das ein einfacher Routineeingriff war. Ich könnte noch am selben Tag nach Hause zurückkehren, mich in meinem eigenen Bett erholen und mich von meiner Mutter verwöhnen lassen.

Als der Tag gekommen war, sagte ich der Schwester, die mich auf die Operation vorbereitete, was für schreckliche Sorgen ich mir machte, und flehte sie an, mir zu versprechen, dass ich nicht in Gefahr war. Meine Bedenken schienen sie zu amüsieren. Natürlich würde alles gut gehen. Es war wirklich keine große Sache. Ich hatte nichts zu befürchten.

Einige Zeit später weckte mich die Hitze. Meine Haut brannte.

Ich begann zu schreien, dass ich in Flammen stand. Meine Lungen schrien nach Luft.

Während sich das medizinische Personal hektisch bemühte, die Situation in den Griff zu bekommen, betete ich um Erleichterung. Ich schrie um Hilfe.

Dann war plötzlich alles vorbei. Statt des brennenden Feuers verspürte ich ein unbeschreiblich schönes Gefühl auf meiner Haut und empfand ein Hochgefühl, das ich nicht in Worte fassen kann. Es war, als wäre mein ganzer Körper von Licht erfüllt und als würde jede Zelle und jeder Nerv darin baden.

Ich sah, wie ich auf dem Operationstisch lag und die Ärzte und Schwestern voller Panik um mich kämpften. Ganz entfernt hörte ich den langen Ton, der die flache Linie auf dem Herzmonitor begleitet. Was mich jedoch mehr beeindruckte als alles andere, war die Tatsache, dass ich keine Angst hatte. Ich fühlte mich vollkommen wohl und sicher. Ich empfand weder Scham noch Schmerz dabei, meinen Körper leblos auf jenem Tisch liegen zu sehen. Ich fühlte mich so stark mit mir selbst verbunden wie nie zuvor. Auch danach habe ich dieses Gefühl nie wieder in diesem Ausmaß erlebt.

Es wäre schön, wenn ich sagen könnte, dass ich eine herrliche Vision von den goldenen Straßen im Himmel gehabt hätte oder dass ich Jesus oder Paulus begegnet wäre. So war es nicht. Aber ich hörte eine Stimme, die sagte: »Deine Zeit ist noch nicht gekommen.«

Seltsamerweise glaube ich, dass ich enttäuscht war. Ich denke manchmal, dass der Himmel über alle Beschreibung herrlich sein muss, weil dieser winzige Vorgeschmack der Herrlichkeit schon so wunderbar war.

Während der nächsten Tage konnte ich nicht über meine Erfahrung reden, obwohl ich sie in Gedanken immer und immer wieder erlebte. Schließlich brachte ich es fertig, mit meinen Eltern darüber zu sprechen. Der Schreck darüber, wie knapp ich dem Tod entronnen war, steckte ihnen noch in den Gliedern.

Ich war dankbar für diese Erfahrung. Ich hatte aus erster Hand einen Vorgeschmack auf den Tod bekommen, und er war mir gar nicht so beängstigend erschienen. Ich glaube, dass ich die Stimme meines himmlischen Vaters gehört habe. Er hat mir die Gewissheit gegeben, dass er weiß, wann die Zeit gekommen ist, dass ich zu ihm gehe. Und wenn sie noch nicht gekommen ist – ja, dann ist sie eben noch nicht gekommen. In einem Augenblick ruhiger Erleichterung hat er all meine Ängste weggewischt.

Diese Erfahrung ist ein zentraler Punkt in meinem Leben. Sie erinnert mich daran, dass Angst uns zu Gefangenen macht. Wenn wir Sklaven der Furcht sind, liegen wir buchstäblich in Fesseln. Wir können die Freiheit nicht erfahren, die Jesus für uns mit seinem Tod erkauft hat. Er hat den Tod besiegt, damit wir wirklich leben können.

Inzwischen habe ich selbst Kinder, die mit Angst zu kämpfen haben. Ich bin so dankbar, dass ich diesen Ängsten die tiefe Gewissheit entgegensetzen kann, dass Gott souverän ist. Ich finde großen Trost in der Überzeugung, dass sein Wille und sein Zeitplan vollkommen sind.

Der Herr kennt uns. Er weiß, dass wir von Ängsten gequält werden, darum sagt er in seinem Wort immer wieder: »Fürchte dich nicht.«

Wir haben unseren Kindern schon seit sie ganz klein waren immer wieder diese Worte aus Jesaja 43 vorgesungen:

»Hab keine Angst, ich habe dich erlöst. Ich habe dich bei deinem Namen gerufen; du gehörst mir. Wenn du durch Wasser gehst, werde ich bei dir sein. Ströme sollen dich nicht überfluten! Wenn du durch Feuer gehst, wirst du nicht verbrennen; die Flammen werden dich nicht verzehren! Denn ich bin der Herr, dein Gott, der Heilige Israels, dein Heiland« (Jesaja 43,1-3).

Wenn ich abends die Augen schließe, ruhe ich in der Gewissheit, dass Gott einen Plan hat. Ich weiß, wenn er mich zu sich nach Hause ruft, werde ich bereit sein. Der Tod hat für mich seinen Stachel verloren (1. Korinther 15,55).

Die wunderbare Lasagne-Vermehrung

Beverly LaHote Schwind

In flottem Tempo kletterte ich die bröckeligen Stufen des jahrhundertealten Kirchengebäudes empor. Ich trug ein Armvoll Wolldecken, während ich gegen den Wind und das winterliche Schneegestöber ankämpfte. Der Mann vor mir öffnete die schwere, verwitterte Holztür, und ich betrat die Kirche.

Das alte Gebäude mit seinen Holzfußböden und antiken Kirchenbänken wurde damals bereits zu einem anderen Zweck genutzt. Meine Aufregung wuchs, während ich mich im Raum umsah. Ein paar Freiwillige waren vor uns angekommen und beheizten den alten Holzofen, der in einer Ecke der Kirche stand und sein Bestes tat, um trotz des Windes, der durch die Risse in dem alten Gebäude pfiff, die erforderliche Wärme zu produzieren.

Ich hatte mich auf den ersten Blick in die alte, weiße Holzkirche verliebt, deren Turm höher war als die Bäume um sie herum. Das Gebäude war früher einmal als Schule genutzt worden und verfügte über außen angebrachte Sanitäranlagen. Daneben befand sich ein gut gepflegter Friedhof.

An jenem besonderen Tag würde unsere Gruppe Nahrungsmittel und Kleidung verteilen und für Hilfesuchende beten. Die Einwohner dieses armen Ortes lebten dreißig Kilometer von der nächsten größeren Stadt entfernt.

In zwei Reihen waren nach Größen geordnete Kleidungsstücke aufgehängt. Schuhe und Stiefel standen in Reih und Glied an der Wand wie Soldaten, die zum Abmarsch bereit waren. Je nach Anzahl der Familienmitglieder wurden Lebensmittelkartons in unterschiedlicher Größe bereitgestellt, und draußen im Anhänger lagerten Truthähne und Schinken.

Es war ein Tisch gerichtet worden, an dem die Freiwilligen frühstücken konnten, bevor ihr Arbeitstag begann.

Es würde ein langer Tag werden.

Es war schwierig gewesen, von der Dorfgemeinschaft die Erlaubnis zu diesem Einsatz zu bekommen. Die Sitten und abergläubischen Vorstellungen vieler Einwohner beeinflussten all ihre Handlungen und ihre Gedanken. Es waren Menschen, die aus verschiedenen Gründen nicht zur Kirche gingen. Sie vertrauten anderen nicht und fühlten sich infolgedessen auch schnell angegriffen.

Während des Sommers hatte unser kleines Missionsteam Dächer repariert und einige der verwitterten Häuser instand gesetzt. Die Kinder zogen mit uns herum und halfen, die Gärten der Leute zu reinigen. Der Auftrag der Gruppe bestand darin, den Einwohnern mit Liebe zu begegnen und Jesus in ihre Straßen zu bringen. Wir forderten sie nicht dazu auf, in die Kirche zu kommen, wir versuchten nur, ihnen Gottes Liebe zu zeigen.

Wir erfuhren von Familienfehden, die seit Jahrzehnten andauerten. Die jüngeren Generationen kannten noch nicht einmal die Gründe dafür, aber beteiligten sich trotzdem bereitwillig daran.

Einige der Einwohner wünschten sich eine Bibelstunde, wollten jedoch nicht die Kirche besuchen; darum wurde ein Hauskreis eingerichtet. Diese Menschen fühlten sich in den Häusern ihrer Nachbarn wohler als in einem Kirchengebäude, darum ging der Pastor auf ihren Wunsch ein.

Aber wir fragten uns, wie viele heute kommen würden – würden sie unser Angebot annehmen? Würden sie die Kirche betreten, die seit über hundert Jahren in ihrer Gemeinde stand, und sich von Menschen, denen sie nicht wirklich vertrauten, Nahrung und Kleidung schenken lassen? Würden wir gute Botschafter Christi sein?

Die fünfzehn Freiwilligen gehörten zu unterschiedlichen Altersgruppen, und die jüngeren Kinder waren besonders begeistert von dem Einsatz. Neben den Kleidern und Schuhen wurden zwei Kartons mit Spielsachen aufgestellt – einer mit Stofftieren, der andere mit Spielen, Springseilen und Bällen. Die Kinder gingen die Gegenstände durch und gaben lustige Kommentare ab. Die Freiwilligen würden die Spielsachen ausgeben, wenn Kinder kamen.

An der einzigen Tankstelle des Ortes hatten wir ein Plakat aufgehängt, das auf unseren Einsatz hinwies. Abgesehen davon verließen wir uns auf den »Buschfunk«, der in dieser Gemeinde reibungslos zu funktionieren schien. In der Tat konnte ein einziger negativer Satz von einer leitenden Person der Gemeinde all unsere Bemühungen zunichtemachen.

Zwei Stunden bevor die Kirchentüren sich öffnen sollten, versammelten wir uns zum Gebet. Wir hatten alles organisiert und bereitgestellt, und nun deckten wir den Tisch für unser Mittagessen. Wir wollten unser Essen verzehren und wieder aufräumen, bevor die Leute aus dem Ort auftauchten.

Wir hatten eine große Lasagne gemacht, die etwa zwanzig Portionen ergab. Ich denke, das wäre gerade genug für fünfzehn Personen gewesen, da ein paar von uns sicher eine zweite Portion nehmen würden. Zumindest hoffte ich, dass es reichen würde. Der wunderbare Duft nach Nudeln, Fleisch, Käse und Soße ließ uns bereits das Wasser im Mund zusammenlaufen, und ich wusste aus Erfahrung, wie schnell eine Lasagne verschwinden konnte.

Wir hatten gerade unsere Teller gefüllt und zu essen begonnen, als es an der Kirchentür klopfte. Die erste Familie war gekommen, um in Empfang zu nehmen, was wir anzubieten hatten.

Ich hieß sie willkommen. Aber statt sich den Kleidungsstücken, den Schuhen, den Spielsachen oder den Lebensmittelkartons zuzuwenden, starrten sie wie gebannt auf die duftende Lasagne. Bevor ich ein Wort sagen konnte, scharten sie sich um den Tisch, offensichtlich in der Erwartung, an unserer Mahlzeit teilzunehmen.

»Das sieht wirklich lecker aus«, sagte der kleine Junge, während er sich einen Teller nahm.

Ich erstarrte. Wir konnten ihnen unmöglich sagen, dass die Lasagne nicht für sie gedacht war. Wenn wir ihnen unser knapp bemessenes Essen verweigerten, würde das die Arbeit, die wir hier aufbauen wollten, ruinieren, bevor sie richtig begonnen hatte.

Ich warf einen Blick auf das, was noch in der Auflaufform war, und überschlug rasch, dass es reichen würde. Ich seufzte vor Erleichterung.

Die Kirchentür öffnete sich nun immer wieder; ständig trafen Besucher ein, obwohl die Veranstaltung erst in zwei Stunden beginnen sollte. So wie die erste Familie ignorierten die Menschen ausnahmslos die Kleidung, die Lebensmittelkartons und anderen Gegenstände. Stattdessen marschierten sie direkt zum Essenstisch, offensichtlich magisch angezogen von der Lasagne.

Wir Freiwilligen hielten gemeinsam den Atem an. Wir schauten zu, wie die Leute ihre Teller füllten. Würde die Lasagne reichen?

Dann kamen drei Mitglieder unserer Kirche, die nach einem Haus sehen wollten, das repariert werden musste. Als sie zurückkamen, nahmen sie sich Pappteller und luden sich Lasagne auf. Es war genug da.

Immer mehr Leute tauchten auf und steuerten automatisch auf den Tisch zu, der für fünfzehn Mitarbeiter gedeckt worden war. Wir sahen zu, wie sie sich Lasagne auf die Teller häuften und dann zurückkamen, um sich eine zweite Portion zu holen. Und immer noch war genügend davon da!

Die Verteilung der Lebensmittelkartons begann zum festgesetzten Zeitpunkt, aber zuerst gingen die Leute an den Kleiderständern auf und ab und nahmen Kleidungsstücke in verschiedenen Größen heraus. Sie unterhielten sich miteinander und halfen sich gegenseitig dabei, die besten Stücke zu finden. Sie nahmen Kleidung für Freunde mit, die nicht mitgekommen waren. Ich konnte sehen, dass das Ganze sich zu einem gesellschaftlichen Ereignis entwickelte und dass die Besucher sich richtig wohlfühlten. Sie erkundigten sich nach alten Freunden und wollten wissen, wie es neuen Freunden ging. Die Kinder unter den Freiwilligen verschenkten begeistert Spielsachen, zeigten, wie sie funktionierten, und wählten das richtige Stofftier für ein Baby aus.

Es war warm in der Kirche, nicht, weil der Holzofen seine Arbeit tat, sondern weil das Gebäude mit Menschen und mit Lachen erfüllt war.

Die Männer halfen einer Frau im Rollstuhl herein. Sie hatte einen Autounfall gehabt und hatte seitdem gelähmte Beine. Ich ging zu ihr, schaute ihr in die Augen und hieß sie willkommen. Sie dankte mir – und dann drehte sie die Räder ihres Rollstuhls und fuhr auf den Tisch mit der Lasagne zu.

Den ganzen Nachmittag über kamen Leute. Der Mann, dem unsere Freiwilligen das Dach neu gedeckt hatten, hatte allen von dem Projekt erzählt. Er schien jemand zu sein, zu dem alle aufblickten und vor dem sie Respekt hatten.

Wir wurden freundlich aufgenommen, weil unsere Männer in der Gemeinde Gutes getan hatten. Die Leute erzählten uns Geschichten aus ihrer Vergangenheit, und wir begannen sie besser zu verstehen und konnten dauerhafte Freundschaften schließen.

Am Ende des Tages waren alle Lebensmittelkartons verteilt, und die Schinken und Truthähne hatten neue Bestimmungsorte gefunden. Leere Kleiderbügel baumelten an den Ständern – die meisten Kleidungsstücke waren weg. Es standen noch ein paar Schuhe herum, aber es gab kein einziges Paar Stiefel mehr.

Die Lasagneform stand noch auf dem Tisch – aber sie war immer noch nicht leer!

Eine Menge, die normalerweise zwanzig Portionen ergab, hatte mehr als sechzig Menschen satt gemacht.

Bonnie sagte: »Will irgendjemand Lasagne mit nach Hause nehmen?«

Wir konnten nur noch staunen. Wir dankten unserem Herrn. Wir wussten, dass er die Lasagne vermehrt hatte, so wie er in der Bibel das Brot und die Fische vermehrt hatte.

Und es war sogar etwas übrig geblieben.

Gott versorgt uns. Selbst wenn er ein Wunder tun muss, um das zu schaffen!

Der Kampf um Tante Helens Seele

Marcia K. Leaser

Als das Seniorenheim anrief und uns mitteilte, dass Tante Helen einen schlechten Tag hatte, sprang ich sofort in mein Auto und fuhr hin, um nachzusehen, was los war.

Da meine Tante und ich erst am Tag zuvor miteinander einkaufen gewesen waren, konnte ich mir absolut nicht vorstellen, was dieser besorgte Anruf zu bedeuten hatte. Ich war in keiner Weise auf das eingestellt, was mich erwartete.

Als ich ihr Zimmer betrat, überfiel mich ein ungutes Gefühl. Ich spürte deutlich, dass sich dort ein unheimliches, Furcht einflößendes Wesen befand, und der beißende Schwefelgeruch erstickte mich beinah. Das Unbehagen, das ich empfand, war so groß, dass ich nicht besonders erpicht darauf war, seine Ursache herauszufinden.

Mein erster Impuls war, die Flucht zu ergreifen. Aber ich wusste, dass Gott wollte, dass ich dortblieb; darum kniete ich neben Tante Helen nieder und sagte leise ihren Namen. Ihre flackernden Augen blickten in meine, und ihre zitternden Hände griffen nach mir.

»Ich sterbe!«, schrie sie auf.

Ich wusste nicht, was ich sagen sollte.

»Sie sind hinter mir her!«, kreischte sie. »Sie stehen in Flammen, sie haben alle rote Sachen an und sie sind hinter mir her.«

Wieder suchten ihre rastlosen Augen meinen Blick. »Ich hab solche Angst! Lass mich nicht so sterben!«, bettelte ihre verzweifelte Stimme.

»Ich bleibe heute Nacht bei dir«, flüsterte ich, während ich ihre faltige Wange streichelte.

Die Stunden vergingen langsam, und ziemlich oft setzte sie sich im Bett auf und starrte mit ängstlichen Augen auf etwas, das ich nicht sah.

»Sie sind hier!«, rief sie dann. »Jetzt holen sie mich gleich.«

Mittlerweise war mir klar geworden, woher mein ungutes Gefühl kam. In diesem winzigen Zimmer tobte ein Kampf. Ein Kampf zwischen Satan und Jesus – ein Kampf um Tante Helens Seele. Ich konnte die Auseinandersetzung buchstäblich riechen.

Um zehn Uhr abends wusste ich, dass ich Tante Helen eine wichtige Frage stellen musste. Ich bat die Schwester, die auf der anderen Seite des Bettes saß, mich für ein paar Minuten mit meiner Tante allein zu lassen. Die erfahrene Frau lächelte und ging aus dem Zimmer.

Ich hatte immer das Gefühl gehabt, dass meine Tante Jesus nicht als persönlichen Retter angenommen hatte. Sie wusste, wer Jesus ist, und glaubte daran, dass er Gottes Sohn ist, aber ich hatte schon lang mit ihr darüber sprechen wollen, ob sie den endgültigen Schritt zu ihrer Errettung getan und Jesus gebeten hatte, in ihr Herz zu kommen.

Ich hatte dieses nagende Gefühl immer beiseitegeschoben, weil ich gedacht hatte, dass mir noch reichlich Zeit blieb, um dieses Thema anzusprechen. Nun befürchtete ich, dass es vielleicht zu spät war.

Die meiste Zeit über hielt sie die Augen geschlossen. Aber ab und zu riss sie sie auf und blickte angsterfüllt in die Dunkelheit vor sich.

»Tante Helen?«, fragte ich und bemühte mich, meine Stimme so ruhig wie möglich klingen zu lassen.

Sie drehte sich um und sah mir direkt in die Augen. Ich wusste, dass sie mich gehört hatte.

Ich betete im Stillen um Kraft und flüsterte dann: »Ich muss dich etwas fragen.«

Sie ließ meinen Blick nicht los.

»Hast du Jesus jemals eingeladen, in dein Herz zu kommen?«

Sie blickte rasch zur Seite, und ich hatte meine Antwort.

»Ich weiß, dass du Jesus lieb hast – schon dein Leben lang«, versuchte ich sie sofort zu beschwichtigen. »Aber du musst ihn als deinen Retter annehmen und ihn darum bitten, in dein Herz zu kommen.«

Sie warf mir einen gequälten Blick zu. In ihren Augen lag ein Schmerz, den ich nie zuvor gesehen hatte.

Meine Mutter hatte mir erzählt, dass Tante Helen als junge Frau einmal ein Kind hatte abtreiben lassen. Ich hatte immer vermutet, dass sie deswegen der Ansicht war, sie hätte es nicht verdient zu leben. Eine achtundsechzig Jahre zurückliegende Sünde hatte sie davon abgehalten, den reichen Segen zu genießen, den unser himmlischer Vater hier auf dieser Erde für sie bereithielt.

»Tante Helen«, begann ich leise, »denkst du, dass du nicht in den Himmel kommst, weil du eine Abtreibung hattest, als du achtzehn warst?«

Sie senkte den Kopf, und ihre blauen Augen füllten sich mit Tränen.

»Gott hat dir schon lange vergeben, Tante Helen«, sagte ich. »Aber du schämst dich immer noch dafür und fühlst dich schuldig. Bitte vergib dir selbst und bitte Jesus, in dein Herz zu kommen. Dann kannst du ganz sicher sein, dass du in den Himmel kommst.«

Ein paar Minuten vergingen, und ich spürte, dass der Kampf in dem schattigen Zimmer immer noch tobte. Mein Herz klopfte und meine Nase brannte von dem Schwefelgeruch Satans.

Plötzlich ergriff Tante Helen meine beiden Hände. Sie schloss ihre knöchrigen Finger fest um meine und sagte mit fester Stimme: »Herr Jesus, komm in mein Herz!«

Wir stießen beide einen tiefen Seufzer der Erleichterung aus, als ich sie in die Arme nahm.

Plötzlich war der Raum von Frieden erfüllt. Die Schlacht war vorbei, und wieder einmal war Jesus Sieger.

Den Rest der Nacht hindurch sang ich Lieder für meine Tante und las ihr aus der Bibel vor.

Nur noch einmal rief sie aus, dass sie hinter ihr her wären. Ich antwortete: »Sie können dich nicht holen, Tante Helen. Du gehörst jetzt zu Jesus.«

Ich sehe heute noch den Frieden in ihrem Blick, als sie mich anlächelte und sich wieder in ihr Kissen schmiegte.

Sie starb am nächsten Morgen um 10.10 Uhr. Meine Augen füllten sich mit Tränen, weil ich meine liebe Tante verloren hatte. Aber bald darauf folgten ihnen Freudentränen, weil ich wusste, dass sie in den Armen von Jesus geborgen war.

Ich dankte Gott dafür, dass er mich dazu bestimmt hatte, mit Tante Helen über ihre Rettung zu sprechen. Und ich dankte ihm auch für die Lektion, die er mir in diesen wenigen, quälenden Stunden erteilt hatte: Ich durfte lernen, dass unser Retter uns niemals aufgibt und dass er bis zu unserem letzten Atemzug um unsere Seele kämpft.

Aus der Grube gezogen

Susan E. Ramsden

»Nun stell dich doch nicht so an, Peggy! Janie spielt immer hier. Es ist völlig ungefährlich. Lass die Kinder ihren Spaß haben, während wir unsere Besprechung abhalten«, sagte Myrtle, die neue Freundin und Geschäftspartnerin meiner Mutter.

»Ich weiß nicht, ob das so eine gute Idee ist, Myrtle. Das ist schließlich eine Baustelle. Da liegen vielleicht alle möglichen Sachen und Werkzeuge herum, an denen sie sich verletzen können.« Meine Mutter verzog das Gesicht.

Ein warmer Sommerwind wehte durch das offene Fenster herein, blähte die Gardinen und verlockte uns zu wilden Spielen im Freien.

»Ich versprech dir, dass ich vorsichtig bin. Oh, Mami, *biiiii-itte!!!*« Ich fasste ihre Hand und bettelte darum, mit Janie spielen zu dürfen. Ich spürte in meinem Innern den unwiderstehlichen Drang nach Freiheit und Abenteuer.

Meine arme Mutter, die oft dafür kritisiert wurde, übervorsichtig mit ihrem einzigen Kind zu sein, beschloss widerstrebend, mich gehen zu lassen. Sie wollte nicht den Eindruck erwecken, überbehütend zu sein oder meine Versuche, mir ein kleines bisschen Unabhängigkeit zu erobern, im Keim zu ersticken.

Myrtle öffnete die Hintertür des Bürocontainers und scheuchte ihre Tochter und mich hinaus auf den neuen, aufregenden Spielplatz.

Das Zirpen der Grillen und das Zwitschern der balzenden Vögel in den raschelnden Ahornbäumen erfüllten die Sommerluft mit sorglosen Klängen. Ich war von einer freudigen Hingabe erfüllt, wie sie nur ein spielendes Kind wirklich kennt. Ich hatte eine neue Freundin, und ich konnte es kaum erwarten, mit ihr das

Gelände zu erkunden, auf dem unsere Eltern preisgünstige Fertighäuser bauten.

In dieser herrlichen Jahreszeit, die dazu einlud, barfuß zu laufen, auf Bäume zu klettern und mit Autoreifen-Schaukeln an Bäumen zu schwingen, rannten Janie und ich über das betonierte, mit Bauzäunen abgeriegelte Baugelände. Wenn man vier Jahre alt ist, kann man überall und mit allem Möglichen Spaß haben. Wir schlugen auf dem Rasen vor dem Büro Purzelbäume, spielten Schubkarre und steppten auf der Holzveranda wie angehende Shirley Temples.

Wir rannten, überschlugen uns, wirbelten im Kreis herum, kreischten, tanzten, sprangen und hüpften – wir waren eins mit der Erde, dem Himmel und allem, was lebte –, bis die Abenteuerlust uns auf ein neues Gelände lockte, eins, das Janie nie zuvor erkundet hatte.

Ich erinnere mich noch genau, wie ich rannte und vor Vergnügen kreischte, während ich über die Schulter blickte, um zu sehen, ob meine neue Spielkameradin mir beim wilden Fangenspielen näher kam. Plötzlich jedoch nahm meine Freude ein jähes Ende, und ich stürzte in ein tiefes, dunkles Loch im Beton!

Schmerz jagte mir in Gesicht und Hände, und Angst durchfuhr meine Seele. In meinem Kopf drehte sich alles, während ich herauszufinden versuchte, was gerade passiert war. Ich wusste nur, dass ich wenige Augenblicke zuvor eine tolle Zeit gehabt hatte und dass ich jetzt in einem dunklen Loch gefangen war.

Janie lugte über den Rand zu mir herab und verschwand. Sie war die Einzige, die wusste, wo ich war und was passiert war, und nun war sie weg.

Noch schlimmer als die körperlichen Schmerzen war die Panik, die mich ergriff, als mir klar wurde, dass ich in dieser Zementzelle gefangen war. Ich war sicher, dass Janie losgelaufen war, um weiter das Gelände zu erkunden, und dass ich nun allein war.

Ich fühlte mich vollkommen verloren – gefangen und im Stich gelassen.

Als ich später in meinem Leben im Alten Testament die Geschichte von Josef las, konnte ich mir sehr genau vorstellen, was er empfand, als seine Brüder ihn in den Brunnen warfen. Ich konnte nachvollziehen, wie viel Angst er hatte und wie allein er sich fühlte.

Ich drehte mich verzweifelt im Kreis und schrie. Das Loch war eng und die Wände waren glatt, ohne Stufen oder Einkerbungen, die es mir ermöglicht hätten, hinauszuklettern.

Ich muss bestimmt hier sterben!, dachte ich.

In meiner kindlichen Einfalt kam ich nicht auf den Gedanken, dass meine Eltern irgendwann merken würden, dass etwas nicht stimmte, wenn ich nicht zurückkam, und dass sie sich auf die Suche nach mir machen würden.

Stunden schienen zu vergehen, ohne dass Hilfe kam, und dann stand ich plötzlich unerklärlicherweise über dem Loch und sah hinunter in den Abgrund, in dem ich eben noch gefangen gewesen war.

Als ich mich umdrehte und zum Bürocontainer rannte, kam Mutter mir entgegengelaufen. Sie riss mich in ihre Arme und versuchte mich zu trösten und herauszufinden, was passiert war. Die kleine Janie weinte gemeinsam mit mir. Sie hatte mich nicht im Stich gelassen, sondern meine Mutter auf meine Notlage aufmerksam gemacht.

Nachdem meine Wunden gereinigt und verbunden worden waren und ich mich ein bisschen beruhigt hatte, gingen wir zurück zu dem Loch. Wir entdeckten, dass die Grube dazu gedacht war, dass ein Mann darin stehen und von unten an den Fertighäusern arbeiten konnte, ohne unbequem auf dem Rücken liegen zu müssen. Das Loch war vielleicht nur einen Meter achtzig tief, aber ein kleines Kind wie ich fühlte sich darin natürlich völlig verloren.

Die Erwachsenen wunderten sich, dass ich ohne fremde Hilfe wieder herausgekommen war. Sie untersuchten die Grube nach irgendetwas, an dem ich mich hätte festhalten oder hinaufklettern können. Nichts.

»Sie ist so glatt wie ein Babypopo«, rief Janies Vater aus und kratzte sich am Kopf. »Wie in aller Welt ist sie da herausgekommen?«

Wenn ich als Erwachsene an das erschreckende Erlebnis zurückdachte, das sich unauslöschlich in mein Gedächtnis eingeprägt hat, habe ich mich oft gefragt, ob ich wirklich allein dort herausgekommen bin. Ich kannte den Herrn noch nicht, aber er kannte mich! Sein Wort ist voller Geschichten, in denen er seine Engel gesandt hat, um denen zu helfen, die in Not waren. Da es keine natürliche Erklärung für meine Rettung gibt, bin ich davon überzeugt, dass einer von Gottes himmlischen Helfern nachgeholfen hat.

Wenn ich jetzt in einem »Loch« sitze, weil ich körperlichen Schmerz oder seelisches Leid verspüre, denke ich an die Barmherzigkeit, die der Herr jener kleinen Vierjährigen erwiesen hat. Dann weiß ich, dass er mich immer sieht, wie tief die Grube auch sein mag, in die ich gefallen bin. Er kennt den Schmerz oder die Angst, die ich durchleide. Sein Wort versichert uns, dass sein Herz voller Mitgefühl für uns ist, wenn wir in Not sind, und es versichert uns auch, dass er uns rettet, wenn wir hinfallen.

König David schrieb in Psalm 103,4: »Er kauft mich vom Tode frei und umgibt mich mit Liebe und Güte.«

So wie ich an jenem Abend vor vielen Jahren in Mutters tröstenden Armen zur Ruhe kam, darf ich heute in der Gewissheit ruhen, dass ich für immer in Gottes ewigen Armen der Liebe geborgen bin.

Maschinengewehre und schlafende Gespenster

Peggy Cunningham

Der alte, klapprige Bus, in dem wir über die staubige Straße fuhren, erklomm eine Höhe von viertausend Metern über dem Meeresspiegel. Wir befanden uns in den Anden Boliviens. Als der Bus den Berggipfel erreichte, staunte ich über die wunderbare Schöpfung Gottes. Es war, als wären wir auf dem Gipfel der Welt.

Aber dann, als der Bus zügig den Berg hinabzutuckern begann, bekam ich es doch mit der Angst zu tun. Wenn ich aus dem Fenster sah, schaute ich in Abgründe hinunter, die direkt neben der Straße drei- bis vierhundert Meter senkrecht abfielen – und das ohne irgendwelche Leitplanken oder Trennzäune und mit einem verrückten Fahrer am Steuer. Wir fuhren auf dem *Pan American Highway,* aber er erinnerte eher an eine in die Felswand gehauene Landstraße als an eine Autobahn.

Als wir ein Bergdorf erreichten, blieb der Bus plötzlich stehen. Ich sah Quechua-Indianerinnen in ihrer Tracht, die Obst und Brot verkauften. Sie versuchten unsere Aufmerksamkeit zu erregen, indem sie ihre Waren auf Spanisch anpriesen.

Die Bergluft war kühl und klar – eine willkommene Erleichterung nach dem heißen, feuchten Klima im Flachland, in dem wir die letzten beiden Wochen verbracht hatten –, aber der Staub und die dünne Luft ließen mich nach Atem ringen. Im Moment allerdings blieb mir aus einem anderen Grund die Luft weg: Plötzlich waren uniformierte Soldaten mit Maschinengewehren aus dem Nichts aufgetaucht und hatten unseren Bus umstellt!

Zwei Wochen zuvor hatte sich unser fünfzehnjähriger Sohn Chuck an der Missionsschule, wo wir arbeiteten, mit Typhus angesteckt. Wir fürchteten um sein Leben, denn wir hatten keine

Möglichkeit, ihn in das acht Stunden entfernte Krankenhaus zu bringen. Da in ganz Bolivien sintflutartige Regenfälle herrschten, konnte das Missionsflugzeug nicht zu unserer Schule fliegen. Und auf dem Landweg konnten wir die Stadt auch nicht erreichen, da viele Straßen und Brücken weggespült worden waren.

Ein paar Tage später hatten die Regenfälle nachgelassen, aber das Funkgerät der Schule konnte keinen Kontakt zur Missionszentrale in der Stadt herstellen. Glücklicherweise besaßen wir ein Amateurfunkgerät und konnten Hilfe rufen. So wurde schließlich ein Flugzeug losgeschickt, um uns zu Hilfe zu kommen.

Nachdem unser Sohn zwei Wochen lang im städtischen Krankenhaus behandelt worden war, wurde er entlassen, und wir fuhren mit einem Bus, der hundert Jahre alt zu sein schien, zur Schule zurück. Chuck, der neben mir saß, war immer noch schwach und wirkte nun, nachdem er über zehn Kilo abgenommen hatte, ziemlich zerbrechlich.

Ich machte mir Sorgen, dass die Fahrt einen Rückfall verursachen könnte, wenn nicht alles gut lief. Der Zustand der Straßen und Busse ließ mich daran zweifeln, ob wir in Bolivien jemals problemlos reisen konnten. Oft trafen wir auf Schlammlawinen und Straßensperren, und immer wieder hatten die Busse irgendwelche Pannen.

Wir saßen in einem kleinen, schäbigen Bus, der einem Schulbus sehr ähnlich war. Die Leute hatten ihre Hühner und Schweine dabei, um sie auf dem Markt zu verkaufen, und der Fahrer schien mit anderen Busfahrern um die Wette zu rasen, um herauszufinden, wer auf den gefährlichen Straßen schneller war. Überflüssig zu sagen, dass all dies für einen Teenager, der gerade eine lebensgefährliche Krankheit hinter sich hatte, nicht gerade hilfreich war.

Und nun hatten wir ein neues Problem: Die Soldaten bestanden darauf, den Bus nach Drogen abzusuchen und unsere Ausweise zu sehen.

Es war unser erstes Jahr in Bolivien, und alles war noch neu und fremd für uns. Diese Reise war die erste, die ich ohne den Beistand meiner gesamten Familie machte – mein Mann und unsere Tochter warteten in der Missionsschule auf uns. Daher war ich alles andere als ruhig, als die bewaffneten Soldaten den Bus bestiegen.

Mein Sohn neben mir war ganz entspannt, aber er wusste nicht, dass wir keinerlei Ausweispapiere bei uns hatten. Unsere Pässe waren in der Hauptstadt La Paz; wir hatten sie dort hinterlegen müssen, um permanente Visa zu beantragen, und wir besaßen keine anderen Dokumente, mit denen wir uns ausweisen konnten. Normalerweise wurden Menschen, die ohne gültige Aufenthaltsgenehmigung aufgegriffen wurden, sofort verhaftet und in das nächste Gefängnis gebracht, vor allem Ausländer.

Ein Gefängnisaufenthalt in einem Entwicklungsland ist nicht gerade eine wünschenswerte Erfahrung; erst vor einigen Wochen hatte ich ein solches Gefängnis gesehen. Ich hatte mit einer Gruppe von Missionarinnen eine junge Amerikanerin besucht, die verhaftet worden war, als sie das Land mit Kokain in ihrem Besitz verlassen wollte.

Der Besuch im Gefängnis hatte mich als neue Missionarin schockiert. Der Geruch dort war entsetzlich und die Lebensbedingungen waren furchtbar. Die Zelle der Amerikanerin hatte einen Betonfußboden, und es gab weder ein Bett noch eine Toilette. Sie besaß nichts als die Kleider, die sie trug. Zu essen bekam sie nur das, was Leute von draußen ihr brachten.

Sie hatte niemanden, der ihr half; darum hatten wir begonnen, ihr regelmäßig Essen, Kleidung und das Wort Gottes zu bringen und auf jede nur mögliche Art ihre Not zu lindern. Sie fand zu Jesus und begann den anderen Gefangenen von ihm zu erzählen – so, wie wir ihr dienten, diente sie nun anderen. Schließlich wurde sie an die Vereinigten Staaten ausgeliefert und verließ Bolivien als neuer Mensch.

Dieses Gefängnis stand mir jetzt vor Augen. Was würde geschehen, wenn die Soldaten entdeckten, dass wir keine Ausweispapiere besaßen, die wir ihnen zeigen konnten? Würden sie uns ins Gefängnis stecken?

Ich sagte meinem Sohn, welches Problem wir hatten, und erklärte ihm, das Einzige, was wir nun könnten, sei zu beten. Ich sagte: »Halt den Kopf gesenkt, mach die Augen zu und tu so, als würdest du schlafen. Mach die Augen nur auf, wenn sie darauf bestehen. Wir werden beten, dass sie uns nicht sehen.«

Chuck sah mich an, als hätte ich den Verstand verloren, aber ich versicherte ihm, dass Gott für uns sorgen würde.

Ich blickte noch einmal den Gang entlang und sah mindestens zehn Soldaten mit Maschinengewehren. Der Anblick war nicht gerade beruhigend. Ich betete, dass Gott einen Schutzwall um uns errichtete, damit die Soldaten uns nicht sahen.

Schon während ich betete, wusste ich, dass ich um etwas Unmögliches bat. Wie konnten sie zwei große, blonde, hellhäutige Personen in einem Bus übersehen, der voller kleiner Menschen mit schwarzen Haaren und dunkler Hautfarbe war?

Die Reisenden wurden einer nach dem anderen untersucht – ihr Gepäck, ihre Körper, ihre Habseligkeiten. Wir konnten hören, wie das Gepäck aus dem Gepäckfach unter dem Fahrgastraum geholt wurde. Jeder Zentimeter des Busses wurde abgesucht.

Wir hielten unsere Köpfe gesenkt und unsere Augen geschlossen.

Wir saßen in der Mitte des Busses, und während sie den Gang herunterkamen, konnte ich ihre Fragen hören. Sie sprachen in strengem, autoritärem Tonfall; es war beängstigend für einen Ausländer, der sich in einem fremden Land aufhielt.

Sie kamen näher. Die Leute, die vor uns saßen, wurden aufgefordert, in den Gang hinauszutreten, und wurden untersucht. Das Gepäck über unseren Köpfen wurde heruntergeholt, durchsucht und dann zurück auf die Ablage gelegt.

Mein Herz raste, und ich hätte nicht sagen können, ob mein Sohn atmete, so ruhig war er.

Ich öffnete ein Auge einen winzigen Spalt und erhaschte einen Blick auf die Stiefel eines Soldaten, der zum Platz hinter uns weiterging. Wir rührten uns nicht und hielten die Augen geschlossen. Sie traten an uns vorbei.

Das Maschinengewehr des Soldaten schlug an meinen Kopf, während er sich vorbeischob, aber er forderte uns nicht auf, in den Gang zu treten. Wusste er nicht, dass er mich mit seinem Maschinengewehr getroffen hatte? War ich für ihn nur ein schlafendes Gespenst?

Es war, als wären wir im Schlaf erstarrt wie Dornröschen; wir blieben mit geschlossenen Augen sitzen, bis sie vorbei waren. Und auch dann rührten wir uns nicht.

Es schienen Stunden zu vergehen, bis sie die letzte Reihe erreichten, ihre Suche beendeten, durch den Gang zurück nach vorn gingen und schließlich zur Vordertür ausstiegen.

»Alles in Ordnung mit dir?«, flüsterte ich meinem Sohn zu. »Bleib ganz still sitzen, bis der Bus losfährt.«

Ein paar Augenblicke später brummte der Motor, der Bus bewegte sich ruckelnd und wir fuhren weiter.

Was war gerade passiert?

Wir dankten Gott, dass er unser Gebet erhört hatte. Es war, als wären wir zwei Geister gewesen, die auf ihren beiden Sitzen unsichtbar waren. Hatte Gott seine Engel geschickt, um uns abzuschirmen? Hatte er uns unsichtbar gemacht? Hatte er den Soldaten die Augen zugehalten?

Wir wussten nur, dass er auf übernatürliche Weise eingegriffen hatte. Er hatte uns vor jeglichem Schaden bewahrt – vielleicht sogar davor, in einem grässlichen bolivianischen Gefängnis zu landen. Einen Aufenthalt dort hätte mein Sohn mit an Sicherheit grenzender Wahrscheinlichkeit nicht überlebt. Es war eine wunderbare Rettung aus unbekannten Gefahren.

Als unser Bus schließlich von der holprigen Straße auf das Grundstück der Missionsschule einbog, konnten wir es kaum erwarten, auszusteigen und den anderen zu erzählen, wie wunderbar Gott uns bewahrt hatte.

Tut Gott heute noch Wunder? Tut er Dinge, die uns Menschen unmöglich scheinen, bei ihm jedoch sehr wohl möglich sind? Und ob er das tut!

In Psalm 4,9 steht: »Ich will mich in Frieden hinlegen und schlafen, denn du allein, Herr, gibst mir Geborgenheit.«

An diesen Vers musste ich an jenem Tag denken, als mein Sohn und ich taten, als würden wir schlafen. Ich empfand tiefen Frieden in der Gewissheit, dass er allein uns Geborgenheit schenkt – ob wir schlafen oder wachen, ob Maschinengewehre auf unsere Köpfe gerichtet sind oder nicht, und sogar dann, wenn wir so *tun*, als würden wir schlafen.

Die göttliche Haushaltshilfe

Sandi Banks

Wenn es eine Organisation mit dem Namen »Verzweifelte Mütter« gegeben hätte, wäre ich an jenem Frühlingstag im Jahre 1978 bestimmt ihr Aushängeschild gewesen. Mein »Leben nach der Geburt« hatte zehn ernüchternde Tage zuvor begonnen, als ich durch die Tür unseres kleinen Hauses in Woodbridge, England, trat – frisch aus dem Krankenhaus entlassen, mit einem schreienden Neugeborenen und ihrer tatendurstigen, fünfzehn Monate alten Schwester. Mein Ehemann, der als Pilot der amerikanischen Luftwaffe demnächst seine Dienstuniform anziehen, seine große Reisetasche in unseren alten Ford werfen und uns zum Abschied zuwinken würde, hatte einen sechswöchigen Militäreinsatz vor sich. Sämtliche Angehörige und Freunde lebten auf der anderen Seite des Atlantiks. Ich fühlte mich schrecklich allein.

Ich bin von Natur aus ein fröhlicher Mensch, darum war das, was ich jetzt durchmachte, unerforschtes Gelände für mich: die Wellen der Verzweiflung, die Schwermut und die drückende Verantwortung.

Wenn ich nur diese eine Aufgabe schaffe, wird es besser, sagte ich mir immer wieder.

Aber nach jeder Aufgabe, die ich bewältigte, tauchten drei neue auf. Ich ließ mich langsam in einen Sessel fallen, der schon bessere Tage gesehen hatte, und versuchte ein missmutiges Baby zu trösten und ein bedürftiges Kleinkind zufriedenzustellen. Dann ließ ich den Blick durch unser Haus schweifen und seufzte.

Jeder Raum sah aus, als wäre ein Tsunami hindurchgetobt. Die Anforderungen an meine Zeit und Kraft wuchsen beinah ebenso schnell wie der Berg schmutziger Stoffwindeln im Windeleimer. Anforderungen. Ständig neue Anforderungen! Meine neugeborene Tochter, die mit ihren wild herumfuchtelnden Armen und ihrem ununterbrochenen Geschrei die Ärzte ratlos machte und mir den letzten Nerv raubte. Meine lebhafte Eineinvierteljährige, die von einem Zimmer ins andere marschierte, Spielzeugkisten umwarf, Körbe ausleerte und ständig verlangte: »Sssichte vorlesen, Mami, Sssichte vorlesen.« Nie aufhörende Anforderungen des täglichen Lebens – Kochen, Putzen und ständig wachsende Wäscheberge, die nach mir riefen.

Nicht nur äußerlich, auch in meinem Inneren machte sich ein nagendes Gefühl der Hoffnungslosigkeit breit, während ich immer erschöpfter wurde und versuchte, mich von einer schwierigen Geburt und zahlreichen schlaflosen Nächten zu erholen. Ich war emotional am Ende und vermisste die moralische Unterstützung meines Mannes, meiner Angehörigen und Freunde. Ich fühlte mich hoffnungslos überfordert und trudelte in einer Abwärtsspirale in die Tiefe, ohne dass mich irgendjemand auffing.

Schließlich brach ich zusammen. Meine Verzweiflung ließ mich in lautes, haltloses Schluchzen ausbrechen. »Ich gebe auf!«, weinte ich. »Irgendjemand muss kommen und mir helfen! Ich schaffe das nicht!«

Wenige Augenblicke später hörte ich über das Gebrüll des Babys und das Gebrabbel des Kleinkindes hinweg ein Klopfen an der Tür.

»Ja, wer ist da?«, brachte ich halbherzig heraus und wischte mir mit dem Handrücken die Tränen vom Gesicht.

Ich konnte mir nicht vorstellen, wer das sein sollte, weil mir auf dieser Seite des Atlantiks bestimmt niemand einen Besuch abstatten würde. Ich war auch nicht erpicht darauf, dass irgendjemand mein Haus oder mich in diesem Zustand sah – meine Töchter und ich waren nicht gerade sehr repräsentabel. Zögernd tappte ich durch die Abfallberge zur Tür.

Bevor ich sie jedoch erreicht hatte und den Riegel zurückziehen konnte, sprang sie auf. Eine mollige rotwangige Frau mit grauen Strähnen im Haar und einem sonnigen Lächeln trat ein und schloss die Tür hinter sich.

»Hallo! Einen schönen guten Morgen!«, zirpte sie, zog ihren grünen Wollpullover und ihren bunten Häkelschal aus und legte beides sorgfältig über den Stuhl an der Tür. Sie setzte den Teekessel auf und benahm sich, als wäre sie eine langjährige Freundin, deren Besuch ich erwartet hatte.

Ich erinnere mich nicht an ihre genauen Worte, aber ich weiß noch sehr gut, wie erleichtert ich war, als sie darauf bestand, dass ich mich hinsetzte und das Baby schaukelte, das sich sofort beruhigte und in einen gesegneten Schlaf fiel – eine seltene Freude für Mutter und Kind.

Bevor ich meinen Verstand so weit zusammenhatte, dass ich ein Wort sagen konnte, machte sich die fremde Frau an die Arbeit. Sie hantierte schnell und mühelos und summte dabei vor sich hin.

Der erste Punkt auf ihrer Liste bestand darin, dass sie mein müdes Kleinkind in die Arme nahm, sanft hin und her wiegte, zärtlich auf die Wange küsste und dann liebevoll zum dringend erforderlichen Vormittagsschläfchen ins Bett legte. Mein Mutterherz schmolz, während meine Neugeborene sich friedlich in meine Arme schmiegte und statt ihrer üblichen Kolik-Schreie zufriedene Seufzer ausstieß.

Um uns herum ging – in Lichtgeschwindigkeit – eine weitere Verwandlung vonstatten. Ehrfürchtig sah ich zu, wie die geheimnisvolle Frau das Spülbecken voller Geschirr, die Wäsche, die Leintücher, die Teppiche und Fußböden in Angriff nahm – wusch, wienerte, kehrte, wischte und sogar frisch zubereitete Mahlzeiten aus dem Ofen nahm. Woher in aller Welt konnte eine Fremde wissen, wo sich alles befand und wohin es gehörte – Putzmittel, Töpfe und Pfannen, Kleider und Spielsachen? Sie wusste so genau Bescheid, als würde sie selbst in diesem Haus wohnen.

Von meinem kleinen Winkel dieser Welt, einem bequemen Schaukelstuhl, beobachtete ich, wie diese Verwandlung ablief.

Es war so unwirklich! Nie hätte ich mir solch eine Situation vorstellen können – eine Fremde hatte mein Zuhause übernommen, und ich empfand vollkommenen Frieden dabei. Ich kann mich noch nicht einmal erinnern, ob ich sie gefragt habe, wer sie war, woher sie kam oder warum sie das machte. Ich erinnere mich nur an die außergewöhnliche Ruhe, die mich durchflutete und erfrischte und mir neue Kraft schenkte, während ich zusah, wie meine chaotische Welt wieder in Ordnung kam.

In kürzester Zeit waren mir eine blitzblanke Wohnung, friedlich schlafende Kinder, leckere Mahlzeiten und tiefer Friede geschenkt worden, ein Friede, der »größer ist, als unser menschlicher Verstand es je begreifen kann«.

Dann war sie fort, ebenso plötzlich, wie sie gekommen war.

»Warten Sie! Bitte!«, rief ich, als sie die Tür zumachte.

Einige Sekunden später stand ich auf dem Gehsteig und blickte die Straße hinauf und hinunter. Aber sie war nirgends zu sehen. Ich wandte mich an drei Personen, die vor meinem Haus standen und sich unterhielten.

»In welche Richtung ist sie gegangen?«

»Wer?«

»Die Frau, die gerade aus meinem Haus gekommen ist.«

Sie tauschten fragende Blicke aus, dann schauten sie wieder zu mir und zuckten die Schultern. Sie waren die ganze Zeit da gewesen, aber keiner von ihnen hatte jemanden gesehen, der in mein Haus gegangen oder aus dem Haus getreten war.

Wow. Ich ging zurück in meine blitzblanke, aufgeräumte Wohnung, betrachtete meine wunderbaren Töchter, die friedlich in ihren Betten lagen, und versuchte zu begreifen, was gerade passiert war. Es würde eine Weile dauern, bevor ich diese Geschichte irgendjemandem erzählen konnte oder innerlich akzeptierte, was mir letztlich klar wurde:

Gott hatte meinen Schrei gehört und einen Engel geschickt, der mich wieder aufrichtete, meine Not behob und – *ihm* Ehre machte. Denn es gab Dinge, die niemand wusste außer mir. Dieses Ereignis war ein Wendepunkt in meinem Leben – nicht nur in Bezug auf meine ganz konkreten damaligen Bedürfnisse, sondern auch in Bezug auf meine lebenslange geistliche Not. Ich begann zu begreifen und mir einzugestehen, wie weit ich mich von Gott entfernt hatte – nicht durch bewusste Rebellion, sondern durch meine Geschäftigkeit und all die Ablenkungen dieser Welt. Ich hatte mir nicht vorstellen können, dass Gott mich so sehr liebte, mir zuhörte, für mich sorgte und auf so dramatische Weise für mich da war. Es war der erste Schritt auf meinem Weg zurück zu seinem Herzen.

Wer hätte gedacht, dass eine stämmige Frau in einem grünen Pulli solch eine wichtige Rolle dabei spielen würde, mich zum Herrn zurückzuführen? Das Ganze bleibt ein großes Geheimnis, für das es keine andere Erklärung gibt als Gottes Gnade und sein übernatürliches Eingreifen angesichts der Not einer geplagten jungen Mutter und ihres verzweifelten Hilfeschreis.

Anruf von Gott

Debi Downs

Tränen rannen mir über die Wangen und sammelten sich auf den dünnen Seiten der Bibel, die auf meinem Schoß lag. Jeder Tropfen zog eine neue Welle der Trauer nach sich.

Die eine Lache, die sich auf der Bibel gebildet hatte, stand für meine Ehe – sie war vorbei, zerstört durch eine Scheidung, begraben unter dem Wasser. In einer anderen Lache sah ich die Gesichter meiner Mutter und meines Bruders. Vor Kurzem waren sie innerhalb von drei Monaten beide gestorben. Jede Träne, die herabtropfte, war ein Symbol für etwas, das ich verloren hatte – mein Zuhause, eine Arbeitsstelle und die Kinder, die ausgezogen waren. Ich schluchzte, als hätte ich all die schönen Dinge des Lebens für immer verloren.

»Weißt du überhaupt, dass ich hier bin, Gott?«, betete ich. »Warum antwortest du nicht, wenn ich deinen Namen anrufe? Siehst du mich? Liegt dir etwas an mir, Gott? Du hast zugelassen, dass ich jetzt ganz allein dastehe und – ich verstehe deine Wege nicht, Herr!«

Ich schaute auf die Uhr an der Wand. Ich hatte dreiundvierzig Minuten in einer Art geistiger Kernschmelze verbracht und mich in Selbstmitleid gewälzt, obwohl ich in weniger als einer Stunde am Arbeitsplatz erscheinen musste.

Während ich mir mit dem Ärmel die Tränen abwischte, drängte ich meine Gefühle zurück. Allmählich gelang es mir, die fröhliche Haltung anzunehmen, die ich für meine Arbeit brauchte, und bald darauf war ich unterwegs.

Ich arbeite für ein Inkassounternehmen, das sich darum kümmert, rückständige Zahlungen für Autos, Boote und Anhänger einzutreiben. Ich glitt auf meinen Stuhl, begrüßte meine Kollegin

Brittany und loggte mich in den Computer ein, der mit dem Telefon-Router der Firma verbunden war. Meine Aufgabe war, die ausstehenden Beträge telefonisch einzuziehen, indem ich mir die Kreditkarteninformationen der Kunden geben ließ. Erreichte ich den Kunden nicht, hinterließ ich eine Nachricht mit der Bitte um Rückruf.

Nachdem ich etwa zwei Stunden gearbeitet hatte, ging ein Anruf ein. Der Bildschirm zeigte den Namen und die Adresse des Anrufers an.

»Hallo, hier ist Debi. Wie kann ich Ihnen helfen?«

Miss Smith wollte eine Zahlung für ein Auto leisten. Ihre Stimme klang weich und hoch. Ihr schleppender Tonfall ließ keinen Zweifel daran, dass sie aus dem Süden stammte.

Ich nahm ihre Zahlungsinformationen entgegen, bedankte mich und wartete auf ihre Antwort.

Es blieb lange still.

»Miss … Debi? Ist das Ihr Name? Miss Debi?«

Ich konnte nicht umhin zu lächeln, während ich antwortete. »Ja, Miss Smith, das ist mein Name.«

»Also … ich habe das Gefühl, ich kann jetzt noch nicht auflegen.«

Sie zögerte wieder, dann wurde ihre Stimme tiefer und ihr Akzent war weniger auffällig. Sie sprach klar und bestimmt, als wollte sie sicherstellen, dass ich jedes Wort verstand.

»Miss Debi, Gott will, dass ich Ihnen sage … Er sieht Ihre Tränen. Er hört Sie, wenn Sie nach ihm rufen. Er kennt Ihre Gebete. Haben Sie keine Angst. Er ist jede Minute jedes einzelnen Tages bei Ihnen. Sie verstehen seine Wege nicht, aber vertrauen Sie ihm. Sie sind nie allein. Er hat Sie nicht vergessen oder im Stich gelassen. Er wird immer bei Ihnen sein.«

Ich wartete. Mein Herz klopfte schneller.

Bitte sagen Sie mir, dass da noch mehr ist. Was will Gott mir noch sagen?

Ich wartete darauf, dass sie weitersprach, aber mehr sagte sie nicht. Ich konnte nicht sprechen. Meine Hände zitterten, und mir wurde ganz warm, während mir Freudentränen über das Gesicht zu laufen begannen. Staunend und voller Ehrfurcht saß ich da, denn ich begriff ...

Gott hatte mich gerade angerufen!

Er hatte jede Frage beantwortet, die ich an jenem Morgen gehabt hatte, genauso, wie ich sie ihm vorgelegt hatte. Nur er wusste, wie sehr ich mich nach einer Bestätigung dafür gesehnt hatte, dass er mich liebte. Er hatte mir eine Nachricht geschickt und dabei Worte gebraucht, die nur von ihm stammen konnten – das wusste ich.

Die Gewissheit seiner Liebe floss durch die Telefondrähte direkt in mein Herz; Miss Smith war sein Gefäß.

Ich schrak auf, als eine Hand sich leicht auf meine Schulter legte. Vor mir erschien ein Papiertaschentuch, während Brittany ihren Stuhl neben meinen rollte.

»Hey, nicht weinen. Ich weiß, wie du dich fühlst«, flüsterte sie. »Wir bekommen immer wieder solche gemeinen Anrufe. Vergiss es einfach.«

Ich schüttelte nur den Kopf, während sie zurückrollte, um ihren nächsten Anruf entgegenzunehmen.

»Miss Debi? Miss Debi?«

Ihre Stimme holte mich aus meinen Gedanken zurück. »Ähm ... ja ...?«, war alles, was ich sagen konnte.

»Tut mir leid, dass ich Sie abgelenkt habe. Sie müssen sicher weiterarbeiten.«

»Nein, Miss Smith, Sie haben mich nicht abgelenkt, ganz und gar nicht.«

Ich suchte nach den richtigen Worten. Wie konnte ich dieser Fremden sagen, wie dankbar ich ihr dafür war, dass sie sich für Gott geöffnet hatte und sich bereitwillig von ihm gebrauchen ließ?

»Sie haben mir einen so tiefen Frieden geschenkt, dass ich dafür gar keine Worte finde. Danke für Ihre Botschaft. Danke.«

Ich hatte Gottes Stimme auch vorher schon manchmal gehört. Aber an jenem Morgen war mein Schmerz über all das, was ich verloren hatte, so überwältigend gewesen, dass ich sein Reden nicht hören konnte. Die Wand, die ich um mich herum errichtet hatte, hinderte ihn daran, zu mir durchzudringen. Ich wusste nicht, dass er die ganze Zeit geduldig und voller Liebe neben mir gesessen hatte, um mir Leitung, Kraft und Trost zu schenken.

Er war nie von meiner Seite gewichen. Und durch Miss Smith hatte er mich angerufen, um es mir zu sagen.

Schatten der Vergangenheit

Susan A. J. Lyttek

Kurz nachdem ich zum Glauben an Jesus Christus gefunden hatte, brach die Hölle los. Mein Mann Gary und ich nahmen die ersten Geräusche und Schläge noch nicht ernst. Vielleicht stritten sich unsere Nachbarn wieder einmal. Sie taten das ziemlich oft, und da wir Wand an Wand mit ihnen wohnten, bekamen wir es natürlich mit. Oder vielleicht hatten die Katzen irgendetwas umgeworfen, während sie miteinander spielten. Bestimmt gab es eine logische Erklärung dafür, dass Dinge herunterfielen und zerbrachen.

Das hoffte ich jedenfalls. Denn obwohl ich mich über meine neue Beziehung zu Jesus freute, empfand ich ein Gefühl von Dunkelheit und Bedrückung, das ich mir allerdings nicht erklären konnte.

Dann, als Gary und ich eines Abends in unserem Schlafzimmer beteten und unsere beiden Katzen es sich am Fußende des Bettes gemütlich gemacht hatten, hörten wir ein lautes, berstendes Geräusch. Wir eilten die Treppe hinunter und sahen, dass mitten auf dem Wohnzimmerfußboden ein gerahmtes Bild lag. Es gab keine Erklärung – keine natürliche Erklärung –, wie es dort hingelangt war.

Ich begann zu zittern und zu schluchzen. »Lasst mich in Ruhe! Lasst mich in Ruhe!«

Gary schlang seine Arme um mich. Ich war so entsetzt, dass ich seine Umarmung kaum spürte. Die Dunkelheit schien allgegenwärtig zu sein und die Nacht tiefschwarz. Nachdem Gary ins Bett gegangen war, griff ich nach der Bibel wie nach einem Rettungsanker und las darin bis zum nächsten Morgen. Als es hell wurde, schlief ich endlich ein.

Als ich am nächsten Abend zur Arbeit ging, berichtete ich meinem Chef – der mir von seinem Glauben erzählt und für mich gebetet hatte, seit ich für ihn arbeitete –, was passiert war.

»Das klingt nach einem geistlichen Kampf«, sagte John.

»Aber warum jetzt? Warum ich?«

»Ich habe gelesen, dass Gespenster und Poltergeister wahrscheinlich Dämonen sind. Hast du in der Vergangenheit irgendetwas mit ihnen zu tun gehabt?«

»Vermutlich schon«, gab ich zu. »Aber das ist Jahre her. Ich habe das alles aufgegeben, nachdem ich mit sechzehn auf einer spiritistischen Sitzung Angst bekommen habe.«

»Und was war *das alles* genau?«, erkundigte er sich, während wir die Tische für das abendliche Bankett deckten.

Ich wischte den nächsten Tisch ab und dachte darüber nach, wie ich seine Frage beantworten sollte. Dieses Kapitel meiner Vergangenheit war nicht einfach gewesen. »Ich habe mich ein paar Jahre lang ziemlich intensiv mit Astrologie beschäftigt. Ich habe für die Leute, mit denen ich befreundet sein wollte, Horoskope erstellt. Es gab mir das Gefühl, beachtet zu werden und Einfluss zu haben. Also ließ ich mich noch weiter auf okkulte Dinge ein, befasste mich mit Handlesen und so.«

John musste herausgehört haben, dass ich etwas Wichtiges verschwieg. »Und *was?*«

»Und ich hatte einen Geistführer, der mir die Zukunft vorausgesagt hat.«

Mein Chef, der zuvor Mitglied einer Motorrad-Gang gewesen war, nickte wissend. »Das erklärt einiges.«

»Aber ich habe nicht mehr mit ihm kommuniziert, seit ich die okkulten Sachen aufgegeben habe!«

»Das kann schon sein. Aber wenn Gott dich nicht ganz erfüllt hat, ist er bestimmt in deiner Nähe geblieben.« Er senkte die Stimme. »Oder noch schlimmer, er ist mit Verstärkung zurückgekommen, wie es in Lukas 11,27 steht.«

Das machte mich neugierig darauf, was die Bibel zu diesem Thema zu sagen hatte. Gleichzeitig schreckte ich davor zurück, es zu lesen und herauszufinden, warum mir diese Schauer über den Rücken liefen. Da räusperte sich mein Chef, und ich blickte auf. Die Koordinatoren für die Abendveranstaltung waren gekommen. »Geh jetzt den Kaffee aufsetzen. Wir reden später weiter. Und beten.«

Der Abend verging in einem Nebel von Gesichtern und Aktivitäten, wie meist, wenn der Club ein Bankett ausrichtete. Die letzten Gäste verabschiedeten sich erst kurz nach eins, und die Uhr vor den Büroräumen schlug zwei, ehe wir mit dem Aufräumen fertig waren. Wie immer, wenn wir bis in die Morgenstunden arbeiteten, holte John die Mitarbeiterinnen an den Tisch neben der Kaffeemaschine, um für eine bewahrte Rückfahrt zu beten. »Herr, wache über meine Mitarbeiterinnen, wenn sie heute Nacht zu ihren Männern zurückfahren. Hilf ihnen, sicher und aufmerksam zu fahren. Wir danken dir noch einmal, dass Susan zu dir gefunden hat. Und, Herr Jesus, wir bitten dich, dass du ihr und Gary Weisheit schenkst, wie sie die Angriffe überwinden können, die sie gerade erleben.«

Anschließend beteten wir für eine andere Kellnerin, die ein paar persönliche Anliegen hatte, und für den Hilfskellner, der sich Sorgen über seine nächste Collegeprüfung machte. Dann drückte unser Chef uns die Hand und begleitete uns zu unseren Autos.

Es war etwas Schnee gefallen, während wir gearbeitet hatten, aber die Straßen waren frei. Ich stieg ein und ließ den Motor an, in der Hoffnung, dass mein Renault heute schneller warm werden würde als sonst. Ich drehte die Musik laut, um mich wachzuhalten, und fuhr auf dem Highway 23 nach Süden zu unserem Haus und meinem schlafenden Ehemann.

Der Rest der Nacht verlief ereignislos. Mein ehemaliger Geistführer schien zu schlafen. Aber der nächste Tag begann zeitig, denn ich musste um neun Uhr im Unterricht sein. Nur Unmengen von Kaffee und Diät-Cola verdankte ich es, dass ich während der sieben Unterrichtsstunden wach bleiben konnte. Etwa um vier Uhr nachmittags kam ich nach Hause, um mich noch kurz hinzulegen, bevor ich wieder zum Country Club fuhr. Gary spielte Golf mit seinem Freund Karl und war noch nicht zurückgekommen.

Ich machte es mir mit unserer Katze Chat-Chat auf der Couch gemütlich. Als ich einzunicken begann, hörte ich Geräusche aus dem oberen Zimmer, das immer verschlossen war und in dem wir die Hantelbank und die Gewichte deponiert hatten. Mein Herz begann zu rasen, und die Angst schnürte mir die Kehle zu. Ich nahm die Katze auf den Arm, damit ich nicht allein war, rannte die Treppe hinauf, holte meine Arbeitskleidung aus dem Schlafzimmer, eilte wieder nach unten, wo ich die Katze neben einer frisch aufgefüllten Schüssel mit Trockenfutter absetzte, und stieg ins Auto.

Als ich an meinem Arbeitsplatz erschien, war John gerade dabei, die Lebensmittel für das abendliche Dinner durch die Hintertür zu tragen. Er war erstaunt, weil ich eine Stunde zu früh erschienen war, und erriet schnell, was los war.

»So kann das nicht weitergehen, Susan.«

»Ich weiß«, stöhnte ich.

Schweigend trugen wir ein paar Kartons hinein. Dann sagte er: »Ich hoffe, es macht dir nichts aus, aber ich habe Don erzählt, was mit dir los ist.«

Ich schüttelte den Kopf. Es machte mir nichts aus. Gary und ich hatten ein paar Mal die kleine Gemeinde besucht, die sich in Dons Haus traf, und mochten die sachliche Art, wie er mit dem Glauben umging. Wenn ich vernünftig nachgedacht hätte, hätte ich selbst darum gebeten, ihn nach seiner Meinung zu fragen.

»Er hat gesagt, dass du wahrscheinlich Gegenstände besitzt, die mit deiner Vergangenheit zu tun haben. Dinge, von denen du dich noch nicht getrennt hast und von denen dein ungebetener Gast sich angezogen fühlt.«

»Aha. Und woher weiß ich, welche Dinge das sind?«

»Denk darüber nach. Sprich mit Gott. Bitte ihn, dir zu zeigen, was dich am meisten an deine spiritistischen Aktivitäten erinnert.«

Zu meinem Glück fand an diesem Abend im Club nur das gewöhnliche Dinner für Mitglieder statt, und ich war um zehn zu Hause. Dort erzählte ich Gary, was John mir gesagt hatte.

»Ich schätze, deine Metal- und Junkie-Alben könnten dich an diese Zeit erinnern. Die meisten von ihnen hörst du gar nicht mehr an. Ich weiß überhaupt nicht, warum du sie noch hast.«

Er hatte recht.

»Dann schaffen wir sie aus dem Haus!«, sagte ich.

Wir holten ein paar alte Umzugskartons und packten meine Platten hinein. Dann stellten wir die Kartons auf die Veranda und schlossen die Tür ab. Ich schlief gut in dieser Nacht.

Der nächste Tag war ein Sonntag. Wir hatten vor, am Nachmittag zu Dons Hauskirche zu fahren, um mit unseren Glaubensgeschwistern zu singen und zu beten. Wir kamen ein bisschen früher, um noch Zeit zum Reden zu haben. Don stellte mir zahllose Fragen nach meinen Teenagerjahren und dem, was ich damals gemacht hatte. »Ich glaube, Gary hat recht – du musst dich von einem Großteil deiner alten Schallplatten trennen. Musik hat große Macht über unsere Seele. Aber du hast auch Tagebuch geführt. Du hast gesagt, dein Geistführer hat von dir verlangt, dass du bestimmte Botschaften aufschreiben sollst. Ich denke, die sollten wir durchgehen.«

Ich hatte die meisten meiner Tagebücher und Geschichten, die ich geschrieben hatte, nicht mehr angeschaut, seit Gary und ich geheiratet hatten. Als Don vorschlug, dass Gary und ich und John und seine Frau Laura am folgenden Sonntag zu ihm kommen sollten, um mit ihm und seiner Frau gemeinsam Mittag zu essen und meine Vergangenheit zu bereinigen, war ich nicht sicher, was mich erwartete. Aber ich erklärte mich dazu bereit, die Kartons mit den Tagebüchern mitzubringen.

Zu sechst ließen wir uns zunächst das köstliche Mittagessen schmecken. Dann nahmen wir uns meine Tagebücher vor. Wir waren noch nicht sehr weit gekommen, als John eine Seite aufschlug, in der ich beschrieb, wie ich über eine schmale Brücke ging, während sich Dämonen an meine Füße und Beine klammerten. Ich versuchte, zu dem schönen Engel mit den bösen Augen zu gelangen, der auf der anderen Seite stand, aber irgendeine unsichtbare Macht stieß mich immer wieder zurück.

»Ich kann mich gar nicht erinnern, dass ich das geschrieben habe«, sagte ich zu den anderen. »Das ist ja unheimlich.«

»In der Tat«, stimmte John zu. »Aber auch ermutigend.«

»Wieso?«

»Was meinst du, wer dich daran gehindert hat, diese Brücke zu überqueren? Ich tippe darauf, dass Gott schon damals seine Hand über dir gehalten hat. Wer hat dir wohl geholfen, dich von der Schönheit Satans nicht blenden zu lassen und das Böse in seinen Augen zu sehen?«

Mit vereinten Kräften hatten wir in weniger als einer Stunde einen enormen Stapel Tagebuchblätter aufgeschichtet, die darauf warteten, verbrannt zu werden.

»Das sollte uns für eine Weile warm halten.«

Don führte uns in seinen großen Garten, der an den Wald angrenzte. Er warf die Blätter in sein Feuerfass. Dann reichte er mir eine Streichholzschachtel. »Susan, willst du das übernehmen?«

Ich hatte gedacht, dass es mich traurig machen würde, so viele Tagebücher, die ich jahrelang mit Mühe geschrieben hatte, in Flammen aufgehen zu sehen, aber stattdessen war ich erleichtert. Ich lachte zum ersten Mal, seit ich Jesus zum Herrn meines Lebens gemacht hatte.

Ich war frei.

Unerklärliche Rettung

Ruth Biskupski (nacherzählt von Nancy Hagerman)

Benommen, zerschlagen und blutüberströmt stand ich an der Böschung.

Wie bin ich hierhergekommen?, fragte ich mich. Bis zum heutigen Tag erinnere ich mich nicht daran, diesen Hügel hinaufgeklettert zu sein.

Der Morgen hatte mit so viel Freude begonnen. Ich war sechzehn und hatte am Abend zuvor mein erstes Auto gekauft. Es war ein alter grauer Toyota, der mich zweihundert Dollar gekostet hatte. Er hatte offensichtlich schon bessere Tage gesehen, aber für mich war er funkelnagelneu. Er hatte schwarze Lederbezüge und vor allem: *er fuhr.*

Mein Vater hatte seine Zweifel, weil der Wagen so alt war, aber ich bekam ihn herum. Ich liebte das Auto, und es gehörte mir.

Ich beeilte mich, es gleich am ersten Morgen anzumelden und zu versichern, damit ich zu meinem Freund fahren konnte. Er wollte noch einiges daran basteln und hatte mir versprochen, einen Satz neue Lautsprecher einzubauen. Ich konnte es kaum abwarten, dass mein Auto komplett hergerichtet wurde.

Als ich aus der Einfahrt fuhr, gab meine Mutter ihren üblichen Kommentar ab.

»Sei vorsichtig, Liebes. Ich bete für dich.«

Warum machte sie das immer?

Ich *war* vorsichtig. Ich hatte noch nie einen Unfall gehabt. Wozu brauchte ich all diese zusätzlichen Gebete? Sie musste mir nicht immer sagen, dass ich vorsichtig sein sollte. Ich war eine gute Fahrerin. Meine Schutzengel hatten nicht sehr viel zu tun.

Mein Freund Bob lebte in Colbran, einer kleinen Stadt am Berg, etwa vierzig Kilometer von meiner Heimatstadt Grand

Junction entfernt. Es war eine wunderschöne Fahrt. Ich folgte einer gewundenen Straße durch einen Canyon. Zu beiden Seiten der Straße stiegen steile Felswände auf und später führte sie an Wiesen mit sattem grünem Gras und wilden Blumen entlang weiter den Berg hinauf.

Während die Straße anstieg, erschienen Gruppen von Ahornbäumen und Fichten. Die Straße führte direkt am Berg entlang, und manchmal fielen zur einen oder anderen Seite steile Felsklippen ab. Aber ich war Berge gewöhnt, und ich genoss die Fahrt. Sie war so friedlich.

Als ich ankam, bewunderten Bob und sein Bruder pflichtschuldig mein Auto und installierten die neuen Lautsprecher. Sie waren großartig! Wir hörten eine Weile Musik, bis Bob zur Arbeit musste. Ich wollte hinter ihm her den Berg hinunterfahren, aber sein Bruder bat mich zu bleiben. Er und seine Freunde wollten, dass ich sie nach Grand Junction mitnahm, aber sie sahen noch einen Film und baten mich zu warten, bis er fertig war.

Also verabschiedete ich mich von Bob und setzte mich zu den anderen, um den Rest des Films anzuschauen. Sobald er fertig war und ich aufstand, um zu fahren, änderten die anderen ihre Meinung und beschlossen, doch dazubleiben. Ich war sauer, aber wahrscheinlich rettete ihnen diese Entscheidung das Leben. Ohne dass ich es wusste, wirkten sich die Gebete meiner Mutter segensreich aus.

Als ich wegfuhr, begann es heftig zu regnen. Ich hätte bei Bobs Familie bleiben können, aber ich war schon ziemlich lange weg und wusste, dass meine Eltern sich Sorgen machen würden. Also machte ich mich trotzdem auf den Weg. Ich fuhr eine Zeit lang hinter einem Auto her, aber es war schneller unterwegs, als mir recht war, darum verringerte ich das Tempo. Es war kaum jemand auf der Straße.

Mein Wagen zog leicht nach rechts, aber ich schrieb es dem Regen und den glatten Straßen zu. Ich machte mir keine großen

Gedanken darüber, bis ich ein Krachen hörte und das Auto abrupt ausbrach. Ich kämpfte darum, es wieder unter Kontrolle zu bekommen.

Da ich allein war und nicht wusste, was ich sonst tun sollte, blieb ich im Auto und fuhr weiter.

Krach!

Das Auto geriet völlig außer Kontrolle, schlingerte quer über die Straße und stürzte die Böschung hinunter. Ich habe keine Ahnung, wie oft es sich überschlug. Ich erinnere mich nur daran, den Himmel zu sehen, Gras, den Himmel, Gras – immer und immer wieder. Ich schloss die Augen.

Als das Auto schließlich liegen blieb, hing ich mit dem Kopf nach unten in meinem Sicherheitsgurt. Ich war sicher gewesen, dass ich sterben würde, aber nun schlug ich langsam die Augen auf. Das Auto lag verkehrt herum in einem Fluss, und das Wasser sickerte herein. Das Dach unter mir war schon mit Wasser bedeckt.

Es roch stark nach Benzin, und ich wusste, dass ich schnell herausmusste. Ich überprüfte meine Möglichkeiten. Das Dach hatte sich in die Rückscheibe gebohrt und sie völlig zerstört. Der größte Teil der Rückbank lag auf dem Dach. Wo sich die hinteren Seitenfenster befunden hatten, war nur noch verbogenes Metall. Wenn irgendjemand auf dieser Rückbank gesessen hätte, wäre er jetzt tot gewesen.

Auf diesem Weg kam ich jedenfalls nicht heraus. Der Rahmen des Beifahrerfensters war ebenfalls zerdrückt, und die Motorhaube hatte sich in die Windschutzscheibe gebohrt, sodass ich auch durch diese nicht entkommen konnte.

Der Benzingeruch wurde immer stärker, und ich hatte Angst, das Auto könnte in Brand geraten. Ich wusste, dass ich mich selbst befreien musste – ich war sicher, dass niemand gesehen hatte, wie ich von der Straße abkam. Ich wand mich aus meinem Sicherheitsgurt und fiel mit dem Kopf zuerst nach unten.

Schließlich konnte ich das Fahrerfenster sehen.

Der Rahmen war V-förmig zusammengedrückt, aber es gab eine kleine Lücke, durch die ich mich vielleicht quetschen konnte. Erstaunlicherweise war das Glas in diesem V noch intakt. Wie sollte ich es zerbrechen?

Herr, hilf mir!, betete ich, während ich einen tiefen Atemzug nahm und auf das Fenster schlug.

Es zerbrach.

Ich schob meinen Kopf und meine Schultern durch das Loch und blieb dann stecken.

Ich kämpfte, bis ich nicht mehr konnte, dann betete ich: *Herr, hilf mir. Ich schaffe das nicht.*

Plötzlich spürte ich, wie starke Hände nach meinen griffen und zogen, während ein weiteres Paar Hände mich von hinten schob. Ich flutschte aus dem Fenster heraus wie ein Korken. Ich war dankbar, dass Retter aufgetaucht waren, aber als ich mich umschaute, war niemand zu sehen.

Ich hatte mich überall angeschlagen, und mein ganzer Körper schmerzte. Mir graute davor, den steilen Abhang über dem Fluss hinaufzuklettern, aber dann stand ich von einem Moment zum anderen oben, ohne mich daran zu erinnern, wie ich dorthin gekommen war.

Genauso unvermittelt tauchte ein Auto auf. Die Fahrerin war eine Krankenschwester und wickelte mich in Wolldecken. Ihr Sohn hatte gerade seinen Führerschein gemacht – darum konnte er in die Stadt fahren und Hilfe holen, während seine Mutter bei mir wartete.

Die Rettungsmannschaft bestand aus lauter ehrenamtlichen Helfern. Wenn ein Notruf einging, dauerte es normalerweise etwa eine Stunde, bis alle beisammen waren und kamen. Aber in jener Nacht hielten sie zufällig gerade eine Versammlung ab und waren innerhalb von zehn Minuten da.

Ich war blutüberströmt, aber als die Sanitäter mich auf dem

Weg ins Krankenhaus sauber machten, fanden sie keine Schnittwunden. Das Auto war voller herumfliegender Glassplitter gewesen, und ich hatte mit der Hand ein Fenster eingeschlagen, aber meine Haut war unverletzt.

Niemand konnte sich vorstellen, woher das Blut kam. Die einzige Verletzung, die ich hatte, war eine Beule am Kopf, die ich mir zugezogen hatte, als ich heruntergefallen war, nachdem ich meinen Sicherheitsgurt gelöst hatte. Ich konnte noch am selben Tag der Obhut meiner Eltern übergeben werden, angeschlagen, aber unversehrt.

Als mein Vater zur Unfallstelle fuhr, um meinen Wagen aus dem Fluss zu ziehen, konnte er ihn nicht finden. Sowohl er als auch der Fahrer des Abschleppwagens suchten lange, bis sie ihn schließlich entdeckten, auf dem Kopf und halb im Fluss versunken. Er war so gut hinter großen Pappeln verborgen, dass er von der Straße aus unsichtbar war. Wenn ich nicht herausgekommen wäre, hätte es sicher lange gedauert, mich zu finden und ich wäre bei Weitem nicht so glimpflich davongekommen.

Der Unfall war passiert, weil die Hinterachse in der Nähe des rechten Hinterrades gebrochen war. Wir fanden das Rad, das an dem abgebrochenen Achsenteil hing, neben der Straße.

Ich dachte lange über mein Erlebnis nach, bevor ich mit irgendjemandem darüber sprach. Wenn ich allein dort unten gewesen war, wer hatte mich dann aus dem Auto geholt?

Ich kam zu dem Ergebnis, dass meine Schutzengel eingegriffen hatten. Ich glaube, sie zogen mich aus dem Auto, heilten meine Wunden und trugen mich den Hügel hinauf zur Straße.

Ich glaube, dass ich niemals allein war, weder vor noch nach diesem Unfall. Jesus hatte die ganze Zeit über mich gewacht, ob ich nun dachte, dass ich ihn brauchte, oder nicht.

Heute habe ich selbst Kinder, aber wann immer ich vom Haus meiner Mutter wegfahre, sagt sie: »Sei vorsichtig, Liebes. Ich bete für dich.«

Es macht mir nichts mehr aus. Im Gegenteil, ich sage dasselbe zu meinen eigenen Kindern. Und ich weiß, dass Jesus und seine Engel sie behüten werden, auch wenn ich es nicht kann.

Geistlicher Hausputz

James Stuart Bell

Verträumt fuhren wir über die irischen Landstraßen und genossen den Anblick der gemütlichen Cottages und der weitläufigen Landschaft, die in vierzig verschiedenen Grüntönen erstrahlte. Vor Kurzem hatte ich Margaret, einer irischen Schönheit mit grünen Augen und rabenschwarzem Haar, einen Heiratsantrag gemacht. Jetzt war der Tag gekommen, an dem ich ihre Eltern kennenlernen sollte. Vor einer Stunde waren wir in Dublin aus dem Flugzeug gestiegen. Mein Herz klopfte vor Nervosität, und mein Körper war erschöpft vom Jetlag.

Ihr Bruder hatte uns abgeholt, und meine zukünftige Braut stellte ihm die unschuldige Frage: »Wie geht es Mama und Papa?« Er antwortete in seinem singenden Dubliner Tonfall: »Oh, sie sind in Gefechtsbereitschaft.«

Sie hatte mich bereits gewarnt, dass ihre irische Familie überaus gefühlsbetont war und ebenso leidenschaftlich liebte, wie sie stritt. Von mir wurde nun erwartet, dass ich sie durch mein Reden und Handeln dazu brachte, sich Gott zuzuwenden. Als ich ankam, war ich jedoch nicht auf den zusätzlichen »geistlichen Kampf« vorbereitet, der unter ihrem Dach stattfand.

Ich hatte das Gefühl, dass ich einen langen Mittagsschlaf machen musste, um ausgeruht zu sein und einen guten ersten Eindruck zu hinterlassen. Ich kroch unter eine weiche Daunendecke und war gleich darauf im Land der Träume – bis es laut an der Tür klopfte. Ich dachte, dass Margarets Eltern sich davon überzeugen wollten, dass ich mich wohlfühlte, darum stand ich auf und öffnete die Tür. Es war niemand da. *Kein Grund zur Beunruhigung,* sagte ich mir, *ich bin bloß ein bisschen durcheinander vom Jetlag und der anstrengenden Reise.*

Aber es klopfte weiterhin. Und jedes Mal, wenn ich »Herein!« rief oder zur Tür ging, war niemand zu sehen. Ich fühlte mich ausgelaugt und wurde immer bedrückter. Als Margaret den Kopf zur Tür hereinsteckte, erzählte ich ihr von dem Klopfen. Sie warf mir den typischen »Ich-hab's-dir-ja-gesagt«-Blick zu, und bevor sie in ihrem eigenen Zimmer am anderen Ende des Flurs verschwand, gab sie mir den guten Rat, ich solle einfach die Nacht durchschlafen, damit ich am nächsten Morgen ausgeruht war und früh aufstehen konnte. Ein guter Plan – abgesehen von dem, was bald darauf geschehen sollte.

Ich war schließlich doch fest eingeschlafen, aber dann passierte es. Etwa um zwei Uhr nachts hörte ich etwas, das wie eine Atombombe klang. Mein Adrenalinspiegel schoss in die Höhe, während ich das Licht anknipste. Direkt neben meinem Bett lag der schwere, massive Eichenschrank, der zuvor aufrecht im Zimmer gestanden hatte, mit der Vorderseite nach unten auf dem Fußboden.

Margaret und ihre Mutter stürzten eilig herbei. »Ach, du Ärmster!«, riefen sie wie aus einem Munde, und nachdem sie sich davon überzeugt hatten, dass ich unversehrt war, begannen wir den Schrank zu untersuchen. Die kurzen Beine, auf denen er gestanden hatte, waren stabil und fest. Meine zukünftige Schwiegermutter fragte sich vielleicht, was für ein Prediger (dafür hielt sie mich nämlich) da in ihr Haus gekommen war und ob der umgefallene Schrank ein böses Omen war, dem noch andere folgen würden. Aber sie ließ nichts Negatives verlauten, und wir benutzten den umgefallenen Schrank als Tisch für Tee und Kekse.

Später sagte ich Margaret, dass es da jemanden gab, dem es nicht gefiel, dass ich da war, aber dass dieser Jemand nicht ihre Mutter war. Sie schlug vor, dass wir zwei Türen weiter in ihr Zimmer gingen und beteten, weil hinter dem Poltergeist-Phänomen sicher geistliche Mächte standen. Sie hatte einen Eindruck vom Herrn bekommen, dass uns böse Geister angreifen wollten, dass wir jedoch keine Angst zu haben brauchten, weil Gott bei uns war und uns beschützte. »Ach, und übrigens: Meine Tante hat hier in diesem Zimmer aus Teeblättern und aus der Hand gelesen, und mein anderer Bruder hat bewusstseinsverändernde Drogen genommen und hat ein paar schlimme Bücher in dem mittleren Zimmer stehen«, teilte sie mir mit.

Ich ging leise in das Zimmer von Margarets Bruder und stellte fest, dass seine Lesevorlieben meinen ähnelten – bevor ich Christ geworden war. Bücher über paranormale Aktivitäten, östliche Religionen und esoterische Weltanschauungen in Hülle und Fülle. Er war schon lange ausgezogen, und die Bücher waren ganz verstaubt. Margaret meinte, wir sollten sie am nächsten Morgen verbrennen, um das Haus geistlich zu reinigen; dies würde ihre Eltern sicher vor Schaden bewahren. »Und mich auch«, sagte ich. »Ich muss ja irgendwie die nächsten Tage hier überstehen.« Dann beteten wir noch einmal, banden alle bösen Geister und geboten ihnen im Namen von Jesus zu weichen.

Am nächsten Morgen trugen wir die Bücher zusammen, schlüpften aus der Seitentür und entfachten ein großes Feuer auf dem Feld hinter dem Haus. Wenn man mich erwischen würde, vermutete ich, müsste ich meinen Rucksack packen und zurück in die Staaten fliegen. Oder vielleicht würde man uns für eine herbstliche Geländereinigung danken?

Der Rest unseres Aufenthaltes verlief friedlich, und ich schlief wie ein Stein. Nachts strich die frische herbstliche Landluft durchs Fenster und trug den Geruch von Torffeuern herein. Das köstliche Frühstück mit Schinken, Eiern, Leberwurst, Fleischkäse, gebratenem Brot, Pilzen, Tomaten und Würstchen, das meine zukünftige Schwiegermutter auftischte, diente dazu, die »Bohnenstange«, wie sie mich heimlich nannten, aufzupäppeln. Eine zweite Portion abzuschlagen, war nicht erlaubt, und niemand, der Margarets Mutter vor den Kopf stieß, hatte danach noch etwas zu lachen. Sie wurde nicht richtig schlau aus mir und nannte mich später einen lutherischen Pfarrer, weil in ihrem irischen Dorf noch niemand einen lutherischen Pfarrer gesehen hatte. Aber als sie viele Jahre später im Krankenhaus auf dem Sterbebett lag, sagte sie, ich hätte das Gesicht eines Engels. Auch wenn ich kein Engel bin, hat sie vielleicht ein schwaches Abbild von Jesus in mir gesehen, wie ich es in anderen gesehen habe, die ihm nachgeeifert sind.

Manchmal fordert Gott uns zu einem geistlichen Hausputz auf, bevor er neue, mächtige Dinge in unserem Leben zu tun beginnt. Dieser Hausputz kann sich auf unsere Seelen, unsere Wohnungen oder das Umfeld beziehen, in dem wir »leben, handeln und sind« (Apostelgeschichte 17,28).

Der Herr konnte seine Gegenwart in dem irischen Zuhause meiner Frau festigen und die Brückenköpfe zerstören, die der Feind dort errichtet hatte. Ihre beiden Eltern und einige ihrer Geschwister bekehrten sich im Laufe der Jahre zum Herrn. Wir beteten weiter und übten geistliche Autorität aus, auch später aus der Entfernung, damit die unreinen Geister nicht, nachdem sie das Haus verlassen hatten, womöglich zurückkehrten und sieben andere mitbrachten, um dort einzuziehen (Lukas 11,24-26).

Wir haben einen Feind, der es darauf abgesehen hat, uns anzuklagen und zu betrügen, wenn wir den Wunsch haben, uns für Jesus einzusetzen. In seltenen Fällen zeigt uns dieser Feind seine Gegenwart ganz deutlich. Aber wir brauchen keine Angst zu haben, denn Christus hat uns in seinem mächtigen Namen alle Autorität über diese Geister geschenkt.

Die Autoren

Sandi Banks lebt in Texas und ist Autorin des Buches *Anchors of Hope*. Sie arbeitet für die Organisation *Summit Ministries* und ist als Vortragsrednerin in verschiedenen Ländern unterwegs.

James Stuart Bell war jahrzehntelang im christlichen Verlagswesen tätig und ist Eigentümer der Literaturagentur *Whitestone Communications*. Er hat diese und weitere Geschichtensammlungen zusammengestellt, zum Beispiel *Extraordinary Answers to Prayer*. Sein Buch »Das Narnia-Fanbuch« wurde ins Deutsche übersetzt (Moers: Brendow, 2006). Er lebt mit seiner Familie in West Chicago, Illinois.

Ruth Biskupski lebt in Grand Junction, Colorado.

Connie Brown ist glücklich verheiratet und hat vier Kinder und fünf Enkel. Ihre Geschichten wurden in christlichen Sammelbänden und Zeitschriften sowie Lokalzeitungen veröffentlicht.

Sally Burbank ist Internistin. In ihrer Freizeit sorgt sie für zwei Teenager, pflegt ihren großen Bauerngarten, unterrichtet im Kindergottesdienst, liest und ist Mitarbeiterin des CVJM.

Billy Burch ist Pastor der *Christ Community Church*. Er hat an der *Liberty University* und der *Trinity Evangelical Divinity School* studiert und einen Bachelor- und zwei Masterabschlüsse erworben.

Kristin H. Carden ist christliche Beraterin und hat eine eigene Praxis in South Carolina. Ihr größter Wunsch ist, dass Menschen durch Jesus Christus von Angst befreit werden und innere Heilung erfahren.

Laura Chevalier lebt in Colorado und koordiniert Programme für Studenten aus dem Ausland und Kurzzeit-Missionsteams. Sie unternimmt häufig Wanderungen und Radtouren und schreibt gern.

Charles D. Cochran übt seit 25 Jahren einen geistlichen Dienst im Bereich der darstellenden Kunst aus und ist als Schauspieler, Autor und Regisseur von Weihnachts- und Ostermusicals tätig. Unter anderem hat er Max Lucados Geschichte *An Angel's Story* als Schauspiel adaptiert. Er wohnt mit seiner Frau Sharon in Denver.

Liz Collard ist Christin, Ehefrau und Mutter aus Orlando. Als Verfasserin der Serie *Building a Godly Marriage* ist es ihr ein großes Anliegen, dass Familien Gott gemeinsam dienen und Ehre machen.

Craig Cornelius ist ein begeisterter Naturfreund, der jede Chance nutzt, um zu jagen und zu fischen. Er ist verheiratet und hat drei Kinder und zwei Hunde. Er lebt in Chester County, Pennsylvania.

Fran Courtney-Smith ist die Tochter eines britischen Missionarsehepaars und lebte seit 1947 in Afrika. Sie arbeitete selbst im Missionsdienst in Afrika und assistierte dort bei der Geburt von über 4 000 Babys. Sie ist inzwischen im Ruhestand und lebt in Arcadia, Kalifornien.

Peggy Cunningham und ihr Ehemann arbeiten seit 1981 als Missionare in Bolivien. Peggy hat dreizehn Kinderbücher verfasst und schreibt Beiträge zu *The Voice of Grace and Truth* und *Devo Kids*.

Sally Edwards Danley begann ihre Autorenlaufbahn in den 1980er-Jahren und gehört zur Leitung des *Heart of America Christian Writers Network*.

Debi Downs lebt in Joplin/Missouri. In ihrer Musikschule *A Joyful Noise* gibt sie Klavier- und Geigenstunden und leitet Kurse in musikalischer Früherziehung.

Beatrice Fishback und ihr Ehemann Jim haben die Bücher *Defending the Military Marriage* und *Defending the Military Family* verfasst. Beatrice ist auch Autorin des Buchs *Loving Your Military Man.*

Connie Green wuchs im Südwesten von Kansas auf, absolvierte ein Studium an der Kansas University und arbeitete für die Firma *Hallmark Cards*, bevor sie Tim Green heiratete und Hausfrau und Mutter von drei Kindern wurde. Sie starb 2006 an Krebs.

Nancy Hagerman ist Autorin und Vortragsrednerin aus West-Colorado. Sie hat das Buch *In the Pit: A Testimony of God's Faithfulness to a Bipolar Christian* geschrieben.

Bob Haslam war Pastor und Missionar und hat verschiedene Zeitschriften und Bücher herausgegeben. Er war leitender Mitarbeiter von *World Relief*, des internationalen Hilfswerks der *National Association of Evangelicals*.

Anneliese Jawinski sieht ihren besonderen Auftrag darin, allen, die in Not sind, zu geistlichem und körperlichem Wohlbefinden zu verhelfen. Sie baut biologisches Obst und Gemüse an und betreibt täglich Nordic Walking.

Linda Jett lebt in Newberg, Oregon. Sie arbeitet als Masseurin und ist Mitarbeiterin der Organisation *Celebrate Recovery*. Sie ist seit 32 Jahren verheiratet und leitet gemeinsam mit ihrem Mann das Schauspielteam ihrer Gemeinde.

Pat Stockett Johnston hat zahlreiche Andachten, Bücher und Artikel veröffentlicht. Sie lebt in Temple City, Kalifornien.

Suzan Klassen hat Beiträge zu *101 Facets of Faith* und *Focus on Your Child* verfasst. Worauf sie jedoch wirklich stolz ist, ist die Tatsache, dass ihr Name im Buch des Lebens steht.

Marcia K. Leaser veröffentlichte mehr als 900 Beiträge, unter anderem das Kinderbuch *Frizzeldee's Catastrophe* und das Frauenandachtsbuch *Every Step of the Way*.

Susan A. J. Lyttek hat schon mehrere Literaturpreise gewonnen. Sie ist mit Gary verheiratet und unterrichtet ihre beiden Teenager zu Hause. Sie schreibt in den frühen Morgenstunden und lebt in Washington, D. C.

David Milotta ist Pastor im Ruhestand und lebt auf Hawaii. Er ist verheiratet und hat zwei erwachsene Kinder. Er mag Deutsche Doggen und ist begeisterter Windsurfer und Paddelsurfer. Er hat *Faithbuildings: Partnering with God for Miracles* geschrieben.

Joe Murphy ist Pastor der *St. Aidan's Anglican Church* in Oswego, Illinois und unterrichtet als Professor an verschiedenen Colleges und Seminaren.

Jane Owen ist freiberufliche Autorin und genießt in den Wäldern von West Virginia ihren Ruhestand. Sie und ihr Mann Ron waren knapp drei Jahre als Missionare auf Haiti tätig.

Donald E. Phillips war Gemeindepastor, Professor und Seelsorger und hat vier international anerkannte Lehrbücher sowie weitere, kürzere Veröffentlichungen über das Gebet, den Willen Gottes, Trauerarbeit und andere Themen verfasst.

Connie K. Pombo ist freiberufliche Autorin und Vortragsrednerin und lebt in Cuenca, Ecuador. Sie hat Beiträge zu verschiedenen Geschichtensammlungen verfasst.

Susan E. Ramsden ist Schriftstellerin und Vortragsrednerin. Sie hat Beiträge in verschiedenen Sammelbänden veröffentlicht, und es macht ihr besondere Freude, andere mit ihren Andachten und geistlichen Gedichten zu ermutigen.

Jonathan Reiff ist Steueranwalt im Ruhestand, betreut jedoch weiterhin gelegentlich Klienten. Er diente nach seinem Studium in Harvard bei der Armee. Er lebt mit seiner Frau Roz, zwei Töchtern und fünf Enkeln in Edmond, Oklahoma.

Linda W. Rooks ist die Autorin von *Broken Heart on Hold* und hat einige kurze Beiträge für verschiedene Sammelbände geschrieben.

Tina Samples lebt mit ihrem Mann und zwei Söhnen in Colorado und besucht die *Grace River Church*. Sie ist Lobpreisleiterin, hält Vorträge, predigt und schreibt.

Beverly LaHote Schwind hat vier Bücher geschrieben und ist Verfasserin der Zeitungskolumne *Patches of Life*. Sie engagiert sich ehrenamtlich im sozialen Bereich und hält Bibelstunden in einem Gefängnis und einem Rehabilitationszentrum. Sie und ihr Mann sind im Ruhestand und leben in Tennessee.

Cheryl Secomb verfasst gern Geschichten. Vier ihrer Kurzgeschichten wurden bereits veröffentlicht und ihr neuestes Werk, ein Andachtsbuch, wird demnächst erscheinen. Sie ist Mitglied des Autorenverbandes *Oregon Christian Writers*.

Emily Secomb ist eine begeisterte Schriftstellerin und verfasst besonders gern Liebesgeschichten. Sie studiert derzeit am College und will Gebärdendolmetscherin für Medizin werden.

Ingrid Shelton ist pensionierte Lehrerin und Bibliothekarin und betätigt sich als freiberufliche Autorin. Ihre Hobbys sind biologischer Gartenbau und ausgedehnte Spaziergänge.

Patti Shene ist stellvertretende Vorstandsvorsitzende des Verlags *Written World Communications* und Chefredakteurin der Zeitschrift *Starsongs*. Ihre Texte wurden in regionalen Publikationen und im Internet veröffentlicht.

Tamara L. Stagg ist freiberufliche Schriftstellerin und lebt mit ihrem Mann und zwei Kindern in Knoxville, Tennessee. Ihre Texte wurden in verschiedenen christlichen Zeitschriften veröffentlicht.

Patricia L. Stebelton hat *The Sleeping Matchbook* und *Watched* geschrieben und lebt mit ihrem Mann Dick in Chelsea, Michigan. Ihre Texte wurden in *Whispering in God's Ear* und im Rahmen der Reihe *Extraordinary Answers to Prayer* der Organisation *Guideposts* veröffentlicht.

Jessica Talbot und ihr Mann leben auf einem kleinen Bauernhof in British Columbia. Sie ist eine leidenschaftliche Fürbitterin und leitet vom heimischen Schreibtisch aus ein E-Mail-Gebetsteam.

Marianna Carpenter Wieck verstarb im Frühjahr 2005. Ihre Tochter Linda Rooks half ihr beim Schreiben ihrer Geschichte.

Pam Zollman ist preisgekrönte Autorin von 40 Kinderbüchern. Als ehemalige Zeitschriftenredakteurin hält sie Vorträge bei Schriftstellerkonferenzen, unterrichtet »Kreatives Schreiben« und arbeitet bei der Buchhandlung *Life Way Christian Bookstore*.

Linda Barrick, John Perry

Ein himmlisches Wunder
Die Geschichte eines Mädchens
auf dem Weg zurück ins Leben

Gebunden, 13,5 x 20,5 cm, 288 Seiten
Nr. 395.386, ISBN 978-3-7751-5386-7

Nach einem schrecklichen Autounfall kommt die 15-jährige Jennifer mit schwersten Kopfverletzungen ins Krankenhaus. Sie kämpft sich zurück ins Leben und in die Normalität. Aber Normalität ist nicht das, was Gott mit ihr vorhat. Eine außergewöhnliche Geschichte.

John van Diest (Hrsg.)

Und plötzlich stand der Himmel offen
Wunderbare Erlebnisse mit Gott

Paperback, 13,5 x 20,5 cm, 192 Seiten
Nr. 395.021, ISBN 978-3-7751-5021-7

Glauben Sie an Wunder? Manche geschehen direkt vor unserer Haustür. Dieses Buch enthält die packendsten Berichte von Gottes wunderbarem Eingreifen, erlebt in unserer Zeit. Mit Beiträgen von Corrie ten Boom, Max Lucado u.v.a.

Bitte fragen Sie in Ihrer Buchhandlung nach diesen Büchern!
Oder schreiben Sie an: SCM Hänssler, D-71087 Holzgerlingen;
E-Mail: info@scm-haenssler.de; Internet: www.scm-haenssler.de

Todd Burpo, Lynn Vincent

Den Himmel gibt's echt
Die erstaunlichen Erlebnisse eines
Jungen zwischen Leben und Tod

Gebunden, 13,5 x 20,5 cm, 160 Seiten
Nr. 395.278, ISBN 978-3-7751-5278-5

Colton ist vier Jahre alt, als er lebensgefährlich erkrankt und operiert werden muss. Dass er überlebt, ist ein Wunder. Später erzählt er seinen Eltern, einem Pastorenehepaar, von erstaunlichen
Dingen, die er während dieser Zeit zwischen Leben und Tod gesehen hat.

Robert J. Morgan

Engel
Die himmlischen Boten Gottes

Gebunden, 14,0 x 21,0 cm, 144 Seiten
Nr. 226.521, ISBN 978-3-4172-6521-7

Robert Morgan geht den biblischen Hinweisen zum Thema Engel
nach und kommt zu einem überraschend umfassenden Bild der
himmlischen Helfer. Die einzelnen Kapitel enthalten außerdem
viele Berichte von Menschen, die Erlebnisse mit Engeln hatten.
Höchst informativ und den Horizont erweiternd!

Bitte fragen Sie in Ihrer Buchhandlung nach diesen Büchern!
Oder schreiben Sie an: SCM Hänssler, D-71087 Holzgerlingen;
E-Mail: info@scm-haenssler.de; Internet: www.scm-haenssler.de